은혜란 무엇인가?

은혜란 무엇인가?

초판 1쇄 발행   2024년 9월 15일

지은이   오경석
펴낸이   신은철
펴낸곳   좋은씨앗
출판등록   제4-385호(1999. 12. 21)
주소   서울시 서초구 바우뫼로 156(MJ 빌딩), 402호
주문전화   (02)2057-3041
주문팩스   (02)2057-3042

www.facebook.com/goodseedbook

ISBN 978-89-5874-403-0 04230

ⓒ 오경석 2024

이 책의 저작권은 저자와 독점계약한 도서출판 좋은씨앗에 있습니다.
신저작권법에 의하여 보호를 받는 저작물이므로 무단 전재와 복제를 금합니다.

단단한 기독교 시리즈 19

은혜란 무엇인가?

자격 없는 자에게 값없이 베푸시는 하나님의 은혜에 대하여

오경석

차례

추천의 글 • 6

여는 글: Grace to you! • 9

✳

1. 하나님의 은혜가 있기를 • 12

2. 구약에서 은혜 찾기 • 24

3. 신약에서 은혜 찾기 • 65

4. 은혜를 어떻게 누리는가? • 96

5. 은혜 받은 자의 삶 • 113

✳

은혜에 관한 추천 도서 • 129

미주 • 132

• 추천의 글 •

마음이 복잡하고 생각이 많을 때, 아무 이유 없이 친구에게 연락하여 수다를 떱니다. 대화하는 동안 문득 이 친구에게서 잔잔한 은혜를 발견할 때가 있습니다. 그런 친구가 '은혜'를 주제로 쓴 책이 출간된다는 소식을 듣고 기뻤습니다. 이 책은 마음 깊은 곳에서 묵직한 생각과 결심을 하게 만듭니다. '은혜'라는 다소 난해한 주제를 깊이 있는 성경 해석과 교리에 대한 쉬운 설명을 곁들여 우리 손에 건넵니다. 책을 읽다 보면, 결국 하나님의 은혜가 우리의 삶을 에워싸고 있으며, 그 은혜를 기억하고 실천하며 전하는 것이 인생에서 가장 중요한 일임을 깨닫습니다. 치열한 현실 속에서 하나님의 은혜를 간절히 바라는 그리스도인들에게 이 책을 기쁘게 추천합니다.

김현화 거창 고제교회 담임목사

은혜는 기독교에서 가장 핵심적인 단어 중 하나입니다. 하지만 우리는 과연 은혜가 무엇인지 제대로 배우고 이해하고 있을까요? 혹시 이 단어를 편리하게 오용하고 쉽게 남발하고 있지는 않을까요? 그 결과, 하나님의 고귀하고 값진 은혜를 값싼 은혜로 전락시키고 있는지도 모릅니다. 은혜의 참된 의미를 놓치고 이를 잘못 사용하는 과정에서, 참된 은혜를 사모하거나 체험하지 못하게 되고, 기독교의 본질이 흐려질까 우려됩니다. 저자는 구약성경과 신약성경에 나오는 다양한 구체적 사례를 들어 은혜가 무엇인지 생생하게 보여줍니다. 성경 저자들이 증언하는 은혜를 오늘날 우리 삶에서 어떻게 누릴 수 있는지 제시하며, 은혜 받은 자의 삶이 어떠해야 하는지를 설득력 있게 얘기합니다. 저자의 진심 어린 호소에 마음과 귀를 기울여 이 책을 읽어보시길 권합니다.

김선영 실천신학대학원대학교 교회와교육 교수

여는 글
Grace to you!

　총회교육원에서 사역하면서 집필과 강의 준비, 원고 교정을 하느라 매일 말씀을 읽었습니다. 하지만 놀랍게도 저의 영적인 상태는 바닥이었습니다. 제가 사역자인지 출판사 직원인지 정체성의 혼란도 겪었습니다. 어느 날 출근길에 깨달았습니다. '아, 내 안에 은혜가 없구나.' 무엇이 문제인지 알았습니다.

　어떻게 하면 은혜를 회복할 수 있을지 날마다 고민했습니다. 제목에 '은혜'라는 단어가 들어간 책을 찾아 읽기 시작했습니다. 은혜 받는 방법을 배우고 싶었습니다. 하지만 그런 방법을 구체적으로 알려주는 책은 찾기 힘들었습니다. 많은 책을 읽다가 덮고, 또 읽다가 덮었습니다. 어떤 책은 어려워서 덮었고, 어떤 책은 너무 신비에 치우쳐서 덮었습니다.

그래도 책을 읽으면서 하나님의 은혜를 간절히 사모하게 되었으니 유익은 있었습니다. 길을 걸을 때도, 기도할 때도, 말씀을 읽을 때도 은혜 받기를 사모했습니다. 그렇게 6개월 정도 지났을 때 제 안에 점점 은혜가 차올랐습니다. 주님의 이름을 부르면 눈물이 나고, 나 같은 죄인을 사랑하시는 그분의 마음이 깊이 느껴졌습니다. 이 일을 통해 은혜의 주인이 누구인지 배웠습니다. 종교개혁가들의 말처럼 은혜는 우리 안에 주입되어 있는(infused) 것이 아니라 밖에서 선물로 수여되는(imparted) 것임을 깨달았습니다.

이처럼 은혜는 배우는 것입니다. 한국 교회가 은혜를 오해하고 잘못 사용하는 이유는 은혜에 대해 배우지 못했기 때문입니다. 은혜라는 말을 많이 사용하지만 그 말을 과연 적절하게 쓰고 있는지 생각해 봐야 합니다.

우리는 보통 은혜 받았다고 할 때 어떤 감정이나 느낌을 떠올립니다. 이른바 '은혜 받았다'고 하는 사람들의 얘기를 들어 보면 대개 이렇습니다. 찬송을 실컷 부르고 마음이 편해졌다고 합니다. 큰 소리로 기도하고 속이 시원해졌다고 합니다. 부흥회 때 실컷 웃고 나서 은혜 받았다고 합니다. 하지만 그런 주관적인 감정에 빠져드는 것을 은혜라고 하지 않습니다. 오히려 은혜는 이론에 가까울지 모릅니다. 많은 내용을 담고 있으며, 그 이치를 객관적으로 설명할 수 있기 때문입니다. 따라서 은혜를 받으려면 은혜가 무엇인지 배워서 알아야 합니다. 그래야 내가 받은 은혜가 제대로 된 은혜인지 구별할 수 있습니다.

의사 누가가 데오빌로에게 이미 알고 있는 바를 더 확실히 하기 위해 편지를 쓴 것처럼(눅 1:4) 이 책은 은혜에 관해 우리가 그동안 잘못 알고 있던 바를 바로잡고, 이미 알고 있는 바를 더 확실히 하기 위해 썼습니다. 이 책은 크게 네 부분으로 구성되어 있습니다. 첫째, 성경이 말하는 은혜에 대해 전반적으로 기술합니다. 둘째, 앞에서 말한 은혜가 신약성경과 구약성경에서 어떻게 표현되고 있는지 고찰합니다. 셋째, 성경에 나타난 은혜를 우리가 삶에서 어떻게 누릴 수 있는지 살펴봅니다. 마지막으로, 은혜 받은 자가 어떻게 살아야 하는지 논의합니다.

은혜는 누구나 사모할 수 있습니다. 하지만 아무나 누리지는 못합니다. 은혜의 주체가 하나님이시기 때문입니다. 하나님이 이 책을 읽는 모든 이들에게 긍휼을 베풀어 주시길 바랍니다. Grace to You! 하나님의 은혜가 우리 모두에게 함께하시길 바랍니다. "은혜가 당신에게!"

1
하나님의 은혜가 있기를

은혜를 받으라고?

예배를 마치면 예배당 입구에 서서 성도들과 인사를 합니다. 성도들이 나가면서 "목사님, 오늘 말씀에 은혜 받았습니다"라고 말합니다. 그때마다 저는 "아이고, 아닙니다. 은혜는요. 너무 부족합니다"라고 대답했습니다. 어느 날 선배 목사님이 "그런 인사를 받으면 그렇게 대답하지 말고, '감사합니다. 큰 격려가 됩니다' 하라고 조언해 주었습니다.

집회에 외부 강사가 올 때가 종종 있습니다. 그럴 때면 인도자가 강사를 소개하면서 "오늘 말씀에 은혜 많이 받으시길 바랍니다" 하고 인사합니다. 성도들은 그 말에 "아멘" 하고 화답합니다. 설교에 은혜 받는다는 말은 무슨 뜻인가요? 원래는 설교를 듣고 예수 그리스도를 영접했거나, 하나님의 구원 경륜을 깨달았거나, 말씀의 깊은 의미를 알게 되었을 때 그런 말을 할 수 있습니다. 하지만 우리는 주로 설교를 듣고 감동 받았을 때 설교에 '은혜 받았다'고 말합니다.

은혜를 끼친다고?

어느 설교자의 고백입니다.

"하나님의 일은 하나님이 하십니다. 그런데 나도 모르게 자꾸 힘이 들어갑니다. 잘해야 한다는 책임감 때문인지, 은혜를 끼쳐야 한다는 부담감 때문인지…"

또 어느 찬양 인도자는 이렇게 고백합니다.

"찬양 인도를 준비하면서 항상 스트레스를 받습니다. 새 노래를 찾아야 한다는 강박도 있고 회중에게 은혜를 끼쳐야 한다는 부담도 느낍니다. 기도를 적게 할수록 '오늘 예배에서 회중이 은혜를 못 받으면 어쩌지' 하는 불안감이 심해져요."

얼마 전 설교학 교수님 한 분을 만났습니다. 그분의 말씀이 큰 교회 목사들 중 우울증에 안 걸린 사람이 없다고 합니다. 그 이유를 물으니 "설교에 은혜를 끼쳐야 한다"는 부담감 때문이라고 했습니다. 은혜를 끼친다는 것은 무슨 뜻인가요? 이 말을 그대로 해석하면, 설교자는 은혜를 주고 회중은 은혜를 받는다는 뜻입니다. 하지만 이것은 엄청난 오해입니다. 은혜는 설교자의 소유물이 아니니까요. 은혜는 설교자가 아니라 하나님이 주시는 것입니다.

성경의 가르침

신약성경에는 하나님의 은혜를 청원하는 말이 많이 나옵니다. 사도 바울이 가장 많이 사용합니다. 그는 서신서를 쓸 때 항상 "하나님의 은혜가 있기를 바란다"는 말로 시작합니다(롬 1:7, 고전 1:3, 고후 1:2, 엡 1:2, 빌 1:2, 골 1:2, 딤전 1:2, 딤후 1:2, 살전 1:1, 딛 1:4, 몬 1:3). 사도 바울만이 아닙니다. 베드로나 요한도 초대 교회에 편지를 쓰면서 하나님의 은혜가 있기를 청원합니다(벧전 1:2, 요이 1:3, 계 1:5).

사도들이 하나님의 은혜를 청원했다는 것은 무엇을 말해 주나요? 그들이 은혜의 주체가 아니라는 뜻입니다. 그들은 하나님께 은혜를 청원할 뿐이지 누군가에게 은혜를 줄 수 없습니다. 성경은 은혜의 주체가 누구인지 분명히 말합니다.

먼저, 은혜는 설교자가 베푸는 것이 아닙니다. "무릇 더러운 말은 너희 입 밖에도 내지 말고 오직 덕을 세우는 데 소용되는 대로 선한 말을 하여 듣는 자들에게 은혜를 끼치게 하라"(엡 4:29). 이 말씀을 읽으면, 설교자의 언행이 은혜를 끼치는 데 중요한 요소 같습니다. 하지만 여기서 "은혜를 끼치게 하라"는 말은 은혜를 전달하라는 뜻이 아니라, 듣는 자들의 믿음에 유익이 되는 선한 말을 하라는 것입니다. 더러운 말은 단순히 악하거나 건전치 않을 뿐 아니라 그리스도의 몸인 교회를 파괴시키기 때문입니다.[1]

둘째, 은혜의 주체는 하나님이십니다. "사도들이 큰 권능으로 주 예수의 부활을 증언하니 무리가 큰 은혜를 받아"(행 4:33). 이 구절도 보면 마치 사도들이 은혜를 끼치는 것 같습니다. 새번역 성경도 사도들이 복음을 전하자 무리가 큰 은혜를 받은 것처럼 번역합니다. 하지만 원문에는 사도들이 복음을 전하는 것과 큰 은혜가 임하는 것이 구분되어 있습니다. 무리에게 큰 은혜를 주신 분은 어디까지나 하나님이십니다.[2]

셋째, 은혜를 헛되이 받지 말아야 합니다. "우리가 하나님과 함께 일하는 자로서 너희를 권하노니 하나님의 은혜를 헛되이 받지 말라"(고후 6:1). 여기서 '헛되다'(*kenos*)는 말은 공허하다, 내용이 없다, 열매가 없다, 무익하다를 뜻합니다.[3] 당시 거짓 교사들은 바울의 메시지와 다른 메시지를 전했습니다. 그들은 바울이 전한 이신칭의 교리를 부정했습니다. 믿음에 율법과 할례를 더해야 한다고 주장했습니다. 자신들이 은혜를 베푸는 것처럼 가르쳤습니다. 다시 말하지만, 은혜는 하나님이 주십니다. 은혜를 주시는 이유도 마지막 때 세상을 화해시킬 '화해의 사역자'로 우리를 세우기 위해서입니다.[4] 그러니 거짓 교사들은 은혜를 헛되이 받은 셈입니다. 바울은 잘못된 복음을 믿는 것을 가리켜 '헛되이 믿는 것'이라고 말합니다.

우리가 교회에서 많이 사용하는 단어 중 하나가 은혜입니다. 좋은 게 좋으니 매사에 은혜로 하자고 합니다. 회의 중 누군가 듣기 불편한 말을 하면 "은혜롭게 하자"며 가로막습니다. 이때 이 말은 "좀 대충합시다"라는 뜻입니다. 은혜가 아닌데 은혜라는 말을 함부로 사용해 그 진정한 의미를 가리는 것입니다. 그 결과 성도들이 참다운 은혜를 경험하지 못해 교회는 점점 힘을 잃어가고 있습니다. 어느덧 모호하게 변해 버린 은혜의 개념을 성경적으로 재정립할 필요가 있습니다.[5]

은혜의 내용

그럼 은혜란 무엇인가요? 그것은 한마디로 하나님이 자격 없는 자에게 값없이 베푸시는 호의를 말합니다. 특이하게도 대상이 '자격 없는 자'입니다. 게다가 조건은 '값없이'입니다. 그렇게 하시는 이유는 우리가 "타다 남은 나무토막"(슥 3:2) 같은 존재이기 때문입니다. 아무 쓸모없다는 뜻입니다. 그래서 토마스 아퀴나스의 말처럼[6] 하나님이 우리에게 해주실 게 호의를 베푸는 것밖에 없습니다.

하나님의 은혜에는 두 종류가 있습니다. 넓은 의미의 '일반 은혜'와 좁은 의미의 '특별 은혜'입니다. 일반 은혜란 모든 피조물에게 차별없이 베푸시는 하나님의 은혜를 말합니다. 예를 들면 우주 만물의 운행과 질서를 주관하시는 은혜(욥 31:26), 악인과 선인 모두에게 햇빛과 비를 내리시는 은혜(마 5:45), 여러 제도를 두어 나라와 사회와 가정이 질서 아래 거하게 하시는 은혜(롬 13:1-4), 악을 하나님의 통제 아래 두시는 은혜(욥 2:6) 등입니다.

한편 특별 은혜란 예수 그리스도를 통해 베푸시는 죄 용서와 구속의 은총을 말합니다(롬 3:24). 이 은혜는 모든 피조물이 아니라 오직 하나님이 주권적으로 택하신 자들에게만 해당합니다. 존 오웬은 특별 은혜를 "그리스도가 자신의 죽음과 피 흘림을 통해 특별히 값을 주고 사신 것"[7]이라고 표현합니다.

일반 은혜는 타락한 죄인에게 창조 세계를 허락하신 하나님의 선하심을 확증할 수 있는 기회를 제공할 뿐 아니라, 타락 후에도 세상을 붙들고 인도하시는 하나님께 예배와 경배를 드려야 한다는 사실을 상기시킵니다. 그러나 우리의 마음을 새롭게 하는 길은 하나님의 특별 은혜 말고는 없습니다.

이것이 이 책에서 나누고자 하는 은혜의 핵심입니다. 이 은혜는 우리 죄에 대한 하나님의 용서(칭의)이며, 하나님과 이웃과 교제하며 새롭게 살아가라고 주시는 화해의 은총(성화)입니다.[8] 우리는 그 선물을 받고 죄악된 본성이 회복되어 은혜의 상태로 들어갑니다. 그리하여 은혜로운 성품을 부여받습니다. 악한 속성이 제거되고, 그 자리에 정반대의 성향이 들어옵니다. 한마디로 옛 사람을 벗어 버리고(엡 4:22) 새 사람을 입습니다(엡 4:24).

이렇게 특별 은혜를 입은 사람들은 하나님의 자비와 사랑을 드러내며 살아야 합니다. 은혜를 받았는데도 삶에 변화가 없거나 다르게 살려는 노력조차 하지 않는다면, 다시 처음으로 돌아가 은혜가 무엇인지, 누가 왜 주는 것인지 살펴봐야 합니다. 이런 확인 작업을 거쳐 우리가 받은 은혜가 얼마나 크고 놀라운 선물인지 깨달아야 합니다.

은혜의 무게

농부가 농사를 지을 때 아무리 노력해도 5퍼센트밖에 영향을 미치지 못합니다. 나머지 95퍼센트는 외부의 영향에 달려 있습니다. 하나님이 바람을 불어 주시고, 햇빛도 비춰 주시고, 비도 내려 주셔야 합니다. 우리는 겨우 5퍼센트만 일해놓고 "내가 죽도록 일해서 결실을 보았다"고 말하지 않나요? 그러나 실은 내가 한 일이 아닙니다. 하나님이 하셨습니다.

물론 심지 않고 수고하지 않고 수확물을 거저 얻을 순 없습니다. 그러나 곡식이 자라는 건 전적으로 하나님의 은혜로 이루어지는 일입니다. 은혜는 어디까지나 하나님이 베풀어 주시는 자발적이고 무조건적인 사랑입니다.[9] 그 절정은 십자가를 통한 구원의 역사에서 이루어졌습니다. 게할더스 보스는 은혜란, 하나님의 의의 심판 아래 있는 죄인들을 향한 그분의 과분한 사랑이라고 말합니다.[10] 그것은 받을 자격이 없는 자에게 무조건 베푸시는 하나님의 호의를 뜻합니다.[11] 인간의 행위와 그리스도의 십자가 사역을 천칭에 달아 보면 먼지와 쇳덩이의 차이보다 더 큰 차이가 납니다.

이것은 인간의 행위로는 그 은혜를 갚을 길이 전혀 없다는 뜻입니다. 도무지 갚을 길이 없습니다. 안 갚아도 되는 것

1. 하나님의 은혜가 있기를 19

이 아니라 못 갚습니다. 그런데 그것을 하나님이 봐 주십니다. 그것이 은혜입니다.[12] 은혜야말로 우리가 경건과 거룩한 삶을 유지할 수 있는 지속적인 힘이며(행 11:23, 20:32, 고후 9:14) 구원의 보증입니다(고후 1:5).

값싼 은혜

그 은혜를 너무 가볍게 여기는 이들이 있습니다. 디트리히 본회퍼는 종교적 교리를 받아들이기만 하면 구원을 받을 수 있다고 여기는 신앙의 행태를 '값싼 은혜'라고 부릅니다. 그는 당시 독일 그리스도인들의 순종 없는 신앙생활을 비판하며 "까마귀처럼 값싼 은혜를 받아들여, 생생해야 할 순종이 시들어 버렸다"고 말합니다.[13] 머리로는 믿음과 구원의 은혜를 인정하지만, 그것을 자격증이나 훈장처럼 보여주기식 자랑거리로 삼았기 때문입니다.

값싼 은혜는 하나님의 말씀을 부정하고, 그 말씀이 성육신했다는 사실도 부정합니다. 값싼 은혜는 회개 없이도 죄를 용서하는 설교요, 공동체 훈련 없이도 베푸는 세례요, 죄 고백 없이도 참여하는 성만찬이요, 인격적인 참회 없는 면죄의 확인입니다. 순종 없는 은혜, 십자가 없는 은혜, 살아 계시고

인간이 되신 예수 그리스도가 없는 은혜, 이것이 값싼 은혜입니다.[14]

값싼 은혜의 가르침을 신자들이 무방비로 받아들이고 있는 것이 문제입니다. 그리스도가 희생과 죽음으로 마련하신, 값을 헤아릴 수 없는 은혜가 길거리 싸구려 물건처럼 헐값에 거래되고 있습니다. 그 결과 많은 성도들이 그리스도를 통해 받은 은혜가 무엇인지 그 의미를 몰라 세상 사람들과 다를 바 없이 살아갑니다. 용서와 구원을 너무 쉽게 선포하고, 고의로 죄지은 사람들에게 회개하라고 호소하는 대신에 위로와 격려를 무책임하게 남발합니다.

물론 은혜에 어떤 대가나 가격이 붙어서는 안 됩니다. 은혜의 대가가 이미 지불되었다는 사실을 기억해야 합니다. 결코 헐값이 아니었습니다. 그 대가가 하나님 아들의 죽음이었다는 사실을 기억하는 자마다 은혜를 더없이 소중하게 받아들일 것입니다.

값비싼 은혜

값비싼 은혜는 끊임없이 찾아야 할 복음이고, 기도로 간구해야 할 은사이며, 두드려야 할 문입니다. 은혜가 값비싼 까닭은 인간에게 생명을 요구하기 때문이고, 은혜인 까닭은 인간에게 생명을 선사하기 때문입니다. 그것이 값비싼 까닭은 죄를 저주하기 때문이고, 은혜인 까닭은 죄인을 의롭다고 여기기 때문입니다.

은혜는 누구보다 하나님께 값비쌌습니다. 그분의 아들을 대가로 요구했으니까요. 하나님은 우리에게 그분의 자녀가 되는 권세를 주기 위해 대가를 치르셨습니다. 하나님이 우리에게 주신 생명과 자유는 결코 싸구려 은혜가 아닙니다. 그런데도 교회가 세상의 질서를 따라 하나님의 은혜를 싸구려로 전락시킨다면 참담한 일이 아닐 수 없습니다. 은혜가 값비싸다는 걸 아는 사람은 은혜를 함부로 다루지 않습니다.

참회와 고백, 결단과 참여 없이도 신앙생활을 할 수 있는 교회가 있다면, 그곳은 값비싼 하나님의 은혜를 헐값으로 넘기거나 끼워팔기하는 할인마트와 다를 바 없습니다. 교회가 세상보다 더 세속적인 집단으로 평가받고 있지는 않은지 두려운 마음으로 돌아보아야 합니다. 값비싼 은혜를 선포할 때, 교회도 값비싼 보화가 될 것입니다.[15]

소그룹을 위한 질문

1. 교회에서 일할 때 "좋은 게 좋으니 은혜롭게 하자"는 말을 들은 적이 있나요? 은혜란 정확히 무엇입니까?

2. 은혜에는 일반 은혜와 특별 은혜가 있습니다. 두 은혜는 어떻게 다릅니까? 특별 은혜를 왜 '선택적 사랑의 은혜'라고 부를까요?

3. 내가 열심히 노력해서 이룬 일 같은데 왜 하나님의 은혜로 되었다고 말할까요? 하나님의 은혜가 내 삶에 미치는 영향력이 얼마나 되는지 생각해 보십시오.

4. 값싼 은혜와 값비싼 은혜를 정의해 보십시오. 언제 우리는 하나님의 은혜를 싸구려로 전락시키게 됩니까? 우리가 받은 값비싼 은혜를 어떻게 해야 잘 가꾸고 간직할 수 있는지 나누어 보십시오.

2
구약에서 은혜 찾기

구약의 하나님은 무서운 하나님?

구약의 하나님은 신약의 하나님과 다를까요? 이런 주장은 초대 교회 때부터 있었습니다. 대표적인 사람이 2세기의 이단 마르시온입니다. 그는 구약의 하나님과 신약의 하나님이 다르다고 주장했습니다.[16] 구약의 하나님은 열등하고, 신약의 하나님은 우월하다고 보았습니다.[17] 구약의 하나님은 세상을 창조하고 유대교를 통해 엄격한 율법을 세우신 잔인하고 질투심 많은 하나님인 반면, 신약의 하나님은 사랑과 연민이 많고 모든 인간을 염려하는 아버지 같은 분이라는 것입니다.[18]

이들의 주장처럼 정말 구약의 하나님과 신약의 하나님은 다른 분일까요? 그렇지 않습니다. 그런데 왜 이렇게 느껴질까요? 왜 구약의 하나님은 두려운 분으로 비치는 걸까요?

구약에서 '하나님을 향한 두려움'(Fearing God)은 중요한 개념입니다. '두려움'은 무서움이나 공포의 의미로 쓰일 수도 있지만(창 3:10) 구약에서는 종종 경외하거나 공경하는 마음을 나타냅니다. 하나님을 두려워하는 것은 그분께 충성하며 그분과의 언약을 신실하게 지키는 일을 뜻합니다. 하나님을 두려워하는 이들은 그분을 신뢰하고 그분의 명령에 순종합니다.[19]

예를 들어 창세기 22장 12절에서 아브라함이 하나님께 순종하여 이삭을 바치려 했을 때, 하나님은 그것을 자신을 향한 두려움으로 인정하십니다. 레위기는 하나님을 향한 경외심을 노인 공경하기(레 19:32), 이자 받지 않기(레 25:36), 종들을 부드럽게 대하기(레 25:43)와 결부시킵니다. 신명기는 하나님을 향한 두려움과 순종에 관한 책입니다(신 5:29, 8:6, 10:12-13). 여호수아는 가나안 정복을 마치고 이스라엘 백성들에게 유언하면서 하나님만을 두려워하며 신실하게 섬기고 다른 신들을 멀리하라고 명령합니다(수 24:14-15). 선지자들은 하나님을 향한 두려움을 그분에 대한 경건한 태도와 동일시합니다(사 8:13, 50:10). 또 종종 이스라엘 백성들이 하나님을 향한 두려움을 버린 것을 비판합니다(렘 2:19, 3:8, 말 3:5). 회복에 관해 언급할 때는 그들 가운데 하나님을 향한 두려움이 회복될 것이라고 선포합니다(사 59:19, 렘 32:39-40, 호 3:5).

지혜 문헌에서도 하나님을 향한 두려움은 중심 주제 중 하나입니다. 특히 욥은 하나님을 두려워하는 사람이었습니다(욥 1:1, 1:8, 2:3). 욥이 경외심을 품은 이유에 관해 사탄이 의문을 제기하는 데서 알 수 있듯이 하나님을 향한 경외심이 사실상 욥기의 초점입니다(욥 1:9). 전도서는 "하나님을 경외하고 그의 명령들을 지킬지어다"(전 12:13)라는 말씀으로 끝맺습니다.[20]

왜 구약성경 전체는 하나님을 두려워하며 살라고 명령할까요? 그것은 그들에게 복을 주시기 위함입니다. 신명기 28장은 그들이 하나님의 말씀에 순종하면 네 가지 복을 주겠다고 약속합니다. 첫째, 국방을 책임져 주십니다(7절). 둘째, 경제를 책임져 주십니다(8, 12절). 셋째, 외교를 책임져 주십니다(10절). 넷째, 리더가 되게 하십니다(13절).

단, 조건이 있습니다. 이런 복을 받으려면 먼저 하나님의 명령을 지키고 그 길로 행해야 합니다(13절). 하나님의 말씀을 떠나 다른 신을 섬기지 말아야 합니다(14절). 만약 하나님의 말씀을 따르지 않고 거역한다면 어떻게 될까요? "이 모든 저주가 네게 임하며 네게 이를 것이니…네가 들어와도 저주를 받고 나가도 저주를 받으리라"(15, 19절). 앞에서 말한 모든 축복이 엄청난 저주가 되어 돌아옵니다.

신명기 28장에 나오는 저주는 축복보다 네 배나 깁니다. 레위기 26장 역시 저주가 축복보다 세 배나 깁니다(레 26:14-46).[21] 이 말씀은 무엇을 강조하고 있나요? 축복인가요, 저주인가요? 축복입니다. 하나님이 그들을 축복하기 위해 이 말씀을 하신 것입니다. 그런데 왜 우리는 이 말씀을 읽으면서 두려운 마음을 갖게 되는 걸까요? 그것은 마치 야단맞고 자란 아이가 부모를 두려워하듯이 하나님을 그런 부모로 잘못 투영하기 때문입니다.

부정적 감정에 투영된 하나님

정신분석학 이론 중에 '투사적 동일시' 개념이 있습니다. '투사'는 우리의 무의식적인 측면, 욕망, 감정, 성향 등이 다른 사람에게 전달되는 것을 말합니다. '동일시'는 그렇게 다른 사람의 감정에 이입된 사람이 그것을 자기 감정처럼 느끼고 행동하는 것입니다. 예를 들어 아기는 배가 고파도 울고 몸이 아파도 웁니다. 똑같은 울음이지만 엄마에게 주는 메시지는 다릅니다. 아파서 우는 아이는 배고파서 우는 아이와 달리 아무리 어르고 달래도 소용없습니다. 이런 상황이 길어지면 엄마는 힘들고 부대낍니다. 아기의 짜증이 엄마의 마음속에서 그대로 재현되기 때문입니다.

가장 바람직한 투사적 동일시는 아이가 부정적 감정을 엄마에게 투사할 때, 엄마는 그것을 마음에 잘 담아내고 처리하여 아이가 소화할 수 있게 만든 뒤 아이에게 되돌려 주는 것입니다. 그런 훈련이 안 된 부모는 아이의 부정적인 감정을 그대로 흡수하여 자신의 감정으로 만들어 버립니다. 그 결과 두 사람 모두 불행해지고 맙니다.

야단맞는 것에 대한 두려움이 핵심 감정인 사람은 다른 사람 안에 야단치고 싶은 마음을 불러 일으킵니다. 이러한 불러 일으킴이 자기 마음의 투사이며, 이 투사는 징벌하시는 하나님이라는 중간 대상을 통해 다른 사람에게 그대로 투영됩니다.[22] 그로 인해 왜곡된 하나님의 모습을 보고 구약의 하나님을 무서운 분, 심판하고 징벌하시는 분으로 오해하게 되는 것입니다.

예를 들어 시편 7편 11절을 보면 하나님을 "매일 분노하시는 하나님"이라고 표현합니다. 하나님이 분노하시는 이유는 악인과 죄 때문입니다. 하나님은 악인에게 대항하기 위해 칼을 갈고, 활을 당겨 쏠 준비를 끝낸 용사입니다. 죽일 도구를 다 준비해 놓고 계신 무서운 분입니다. 에스겔 선지자는 우리가 거짓말과 허탄한 말을 할 때, 자기 마음대로 말할 때, 하나님이 분노하여 폭풍을 퍼붓고, 폭우를 내리고, 큰 우박 덩이로 무너뜨리신다고 말합니다(겔 13:1-13).

이런 하나님이 투사되면 우리는 하나님을 두려운 분으로 인식하게 됩니다. 죄라도 짓는 날에는 하나님이 우리를 벌하실까 두려워 아담처럼 하나님의 눈을 피해 숨고, 요나처럼 배 밑창에 들어가 숨을 것입니다. 하지만 하나님은 이유 없이 분노하시는 분이 아닙니다. 하나님이 분노하시는 이유는 하나, 우리에게 은혜를 베풀기 위해서입니다.

이런 오해를 어떻게 극복할 수 있을까요? 첫째, 하나님의 말씀을 균형 있게 보아야 합니다. 구약의 하나님은 분노의 하나님이지만(시 7:11, 겔 13:1-13), 동시에 자비롭고 은혜롭고 노하길 더디하며 인자와 진실이 많은 분이십니다(출 34:6, 민 14:18, 신 4:31, 느 9:17, 시 86:5, 15, 욜 2:13). 하나님이 징계하시는 이유는 다름 아니라 사랑하시기 때문입니다.

하나님은 다윗도 무섭게 징계하셨습니다. 그가 밧세바를

범하자 끔찍한 일이 일어납니다. 그 일로 다윗의 자식들이 몇 명이나 죽나요? 밧세바에게서 낳은 아들 한 명만 죽지 않습니다(삼하 12:18). 자녀들이 서로 반란하고 죽이고 나쁜 짓을 해서 네 명이나 죽습니다. 이렇게 다윗의 집안을 징계하신 것은, 그렇게 하지 않으면 그들이 영원한 멸망에 빠지기 때문입니다. 하나님이 다윗을 징계하신 것은 그를 사랑하시기 때문이었습니다(히 12:8).

둘째, 공동체 안에서 하나님의 사랑을 경험해야 합니다. 교회는 천국의 모형입니다. 누가 천국을 보여 달라고 하면 교회를 보여주면 됩니다. 따라서 교회는 이론과 전통이 아니라 사랑으로 무장해야 합니다. 필립 얀시는 루게릭병에 걸린 마샤 이야기를 통해 공동체의 사랑이 어떻게 하나님을 원망하던 한 영혼을 그분의 사랑으로 이끌었는지 보여줍니다.

마샤는 정말 아름다운 26세의 여인이었습니다. 그런데 루게릭이라는 질병에 걸렸습니다…그녀는 점점 몸이 마비되어 휠체어를 타다가 나중에는 병원에 누워서 계속 지내게 되었습니다. 그러면서 하나님을 원망하기 시작했습니다. 신앙을 거의 잃어버렸습니다. 시간이 지나자 뇌 기능도 점점 마비되고 숨 쉬기도 힘들어졌습니다. 이제 그녀의 소원은 원래 살던 아파

트에서 2주 동안이라도 여생을 보내는 것이었습니다. 하지만 병원에서는 24시간 연속 간호를 받지 못하는 이상 퇴원시킬 수 없다고 했습니다.

그때 시카고에 있는 기독교 단체 레바 플레이스가 그녀를 도와주겠다고 나섰습니다. 16명의 그리스도인 부인들이 마샤를 위해 삶을 재조정했습니다. 그들은 자녀 양육을 서로 맡아 주고, 돌아가면서 그녀를 24시간 돌봐 주었습니다. 그들은 그녀의 헛소리와 불평을 들어 주었습니다. 용변을 치우고, 목욕도 시켰습니다. 똑바로 앉는 것을 도와주고, 그녀를 옮겨 주고, 그녀와 밤을 지새우며 위해서 기도해 주었습니다. 그들은 마샤를 깊이 사랑했습니다. 16명의 성도는 마샤에게 하나님의 몸이 되어 주었습니다.

그러한 헌신적 사랑 끝에 마샤는 다시금 신앙을 회복하고, 교회에서 간증을 하고, 세례를 받았습니다. 그리고 얼마 지나지 않아 하늘나라로 갔습니다. 고난이 그녀의 신앙을 약화시켰지만, 고난 가운데 만난 그리스도의 사람들을 통해 그녀는 하나님을 다시금 뜨겁게 경험했습니다.[23]

이처럼 우리는 공동체를 통해 하나님의 사랑을 경험할 수 있습니다. 16명의 성도가 마샤에게 몸이 되어 준 것처럼, 몸으로 경험하는 공동체의 삶은 우리 안에 왜곡된 하나님의 모습을 바꿔 놓습니다. 문제는 그렇게 되기까지 우리가 교회의 삶을 밀도 있게 살아내지 못한다는 것입니다.[24]

태초에 시작된 은혜

구약성경에서 하나님의 은혜가 가장 처음 나타난 곳은 어디일까요? 많은 이들이 아담의 타락 직후에 주어진 원시복음을 떠올릴 것입니다(창 3:15). 하나님과 인간이 처음 언약을 맺은 장면이니까요. 하지만 은혜는 그보다 먼저 나타났습니다. "태초에"(창 1:1) 말입니다. 하나님이 세상을 창조하신 것 자체가 은혜입니다. 왜 그런지 생각해 보겠습니다.

창세기는 모세가 썼습니다. 출애굽한 이스라엘 백성들에게 하나님이 누구인지 가르치기 위해서였습니다. 이스라엘 백성들은 400년이 넘게 애굽에서 살았습니다(출 12:40). 그들은 애굽의 신들 말고는 알지 못했습니다. 모세는 그들에게 이스라엘을 선민으로 택하신 하나님에 대해 알려주고 싶었습니다.

당시에는 애굽 탈출의 전 과정에서 드러난 하나님의 놀라운 능력을 백성들이 직접 목격한 지 얼마 되지 않아 그들의 머릿속에 온갖 기적에 관한 기억이 생생합니다. 그러니 굳이 무에서 유를 창조하는 능력이 어떻게 가능한지 자세히 설명할 필요가 없었을 것입니다. 따라서 모세가 기록한 창세기 1-2장은 하나님의 창조 능력이나 과정을 설명하기보단 이스라엘 백성을 구원하신 하나님이 어떤 분인지 알려주는 데 치중하고 있습니다.[25]

하나님이 왜 세상을 창조하셨는지가 중요합니다. 창조하지 않으면 안 되는 이유가 있었을까요? 혹시 하나님이 혼자 지내기 외롭고 쓸쓸해서 세상을 만드신 걸까요? 그렇지 않습니다. 창조는 우연이 아니고 필연적 강제도 아닙니다. 하나님은 자족하시며, 어느 것에도 의존하지 않고 아무 도움도 받지 않으십니다(행 17:25).[26] 하나님은 주권적 의지와 자발적 선택으로 세상을 창조하셨습니다. 세상을 창조하길 원하셨고, 그래서 창조하셨습니다. 이처럼 창조는 그 자체가 하나님의 은혜로 이루어졌습니다. 그러므로 은혜는 창조 때부터 나타났습니다.[27]

그리고 6일 창조를 마친 뒤 그동안 만드신 모든 것을 인간에게 공짜로 주십니다.

하나님이 이르시되 내가 온 지면의 씨 맺는 모든 채소와 씨 가진 열매 맺는 모든 나무를 너희에게 <u>주노니</u> 너희의 먹을거리가 되리라. 또 땅의 모든 짐승과 하늘의 모든 새와 생명이 있어 땅에 기는 모든 것에게는 내가 모든 푸른 풀을 먹을거리로 <u>주노라</u> 하시니 그대로 되니라(창 1:29-30).

바빌로니아 전통에서 인간은 신들의 육체 노동을 덜고, 그들이 먹고살 음식을 제공하기 위해 창조됩니다. 남자와 여자는 신의 변덕에 따라 살아남는 노예에 불과합니다.[28] 하지만 우리의 하나님은 인간을 노예가 아니라 가족으로 만드십니다. 세상을 만들고 나서 그것을 인간에게 주십니다. 일부가 아니라 전부를 주십니다. 모든 나무를 주고, 모든 짐승을 주고, 모든 풀을 주어 풍성히 누리게 하십니다.

하나님의 선물을 받기 위해 인간이 한 일은 아무것도 없습니다. 아예 아무것도 할 수 없게 인간을 제일 나중에 만드십니다. 이것이 은혜입니다. 하나님이 세상을 만들어 인간에게 선물하신 것은 전적인 은혜입니다.

하나님이 아담에게 주신 세상은 어떤 곳인가요? 매우 넓고 풍요롭습니다. 하나님은 이 큰 지구를 만드신 후 아담 한 사람에게 "여기 있는 모든 것을 누려라"고 말씀하십니다. 감당할 수 없는 은혜입니다. 하나님이 자녀들에게 베푸신 은혜는 처음부터 차고 넘쳤습니다.

구약에도 하나님의 은혜가 나타났냐고요? 그렇습니다. 하나님은 인간에게 은혜를 베풀기 위해 신약 시대가 도래할 때까지 기다리지 않으셨습니다. 구약의 신자들은 율법으로 구원 받고, 신약의 신자들은 은혜로 구원 받는다고 말하는 사람들이 있습니다. 마치 하나님에게 구별되는 두 백성이 있는 것처럼 말합니다. 그러나 그렇지 않습니다. 율법의 목적은 우리가 그리스도의 은혜가 필요한 존재임을 드러내는 데 있습니다(갈 3:24).[29] 그러니 구약성경에 나타난 은혜를 찾아내고 알아볼 필요가 있습니다.

사실 구약에서 명시된 은혜를 찾기가 그리 쉽지 않습니다. 일단 성경에 '은혜'라는 단어가 직접 사용된 경우도 많지 않습니다. 그 점은 복음서도 마찬가지입니다. 예수님도 늘 은혜에 대해 말씀하신 것은 아닙니다. '은혜'는 예수님의 승천 후 사도들이 주로 사용한 단어입니다. 그럼 구약에서 은혜 이야기를 하려면 어떻게 해야 할까요? 구약성경 곳곳에 흩어져 있는 은혜들을 찾아내 그것이 어떻게 사용되었는지 들여다봐야 합니다. 우선 구약의 몇몇 본문을 통해 은혜가 어떤 상황에서 사용되었으며, 여기서 드러나는 하나님의 뜻이 무엇인지 보겠습니다.

** 구약에서 '은혜'를 뜻하는 단어 - 헨, 헤세드, 라하밈

구약성경에서 은혜의 의미로 가장 자주 사용되는 단어는 '헨'입니다. 헨은 상대방의 태도나 의지와 상관없이 시혜자가 일방적으로 베푸는 사랑이나 호의를 말합니다. 사람이 줄 수 없는 하나님의 넉넉한 사랑을 의미하며 창세기 6장 8절에 나옵니다. "그러나 노아는 여호와께 은혜를 입었더라." 이 말씀은 노아만 은혜를 입었다는 뜻은 아닙니다. 하나님의 은혜는 모든 피조물, 아주 단순한 생물에게도 주어졌기 때문입니다.[1] 여기서 말하는 은혜는 인류를 구원하는 하나님의 섭리를 의미합니다.[2]

은혜로 많이 사용되는 또 다른 단어는 '헤세드'입니다. 구약성경에서 약 250회 사용되었습니다.[3] 헤세드는 뜻이 너무 많아 딱 들어맞는 우리말을 찾기 힘듭니다.[4] 영어도 마찬가지입니다.[5] 초기 연구는 헤세드가 의무가 수반된 상호관계에서 예상되는 충성을 의미한다고 보았으나, 실제로 헤세드에는 은혜의 요소가 포함됩니다.[6] 이스라엘을 향한 하나님의 변함없는 사랑, 구원과 보호, 복 주시는 행동 등을 의미합니다. "나를 사랑하고 내 계명을 지키는 자에게는 천 대까지 은혜를 베푸느니라"(출 20:6). 여기서 말하는 은혜는 사랑의 행위가 포함된 관계형 개념임을 알 수 있습니다.[7]

은혜에 '라하밈'이라는 단어도 수차례 사용됩니다. 라하밈은 하나님의 깊은 긍휼에서 나오는 과분한 사랑을 가리킵니다. 부모가 자녀에게, 형이 동생에게 갖는 애틋한 정을 의미합니다.[8] 대표적으로 다윗이 밧세바를 범한 후 침상을 적시며 기도할 때(시 51:3), 인구조사 후 회개할 때(대상 21:13) 사용됩니다. 다윗은 심판의 어둠 속에서 하나님의 긍휼을 더욱 밝게 비춰 달라고 기도합니다. 그는 심판이 작정된 순간에도 하나님의 긍휼을 놓지 않으며 그분의 성품에 의지합니다.[9] 결국 하나님은 그의 기도를 듣고 구원을 약속하십니다(대상 21:18-19). 여기서 나타난 은혜는 죄인을 끝없이 용서하는 하나님의 과분한 사랑입니다.

죄인을 향한 구원의 은혜: 아담 이야기

하나님이 천지를 만드셨을 때에는 아무것도 없었습니다(창 1:1-2). 특히 식물이 없었습니다. 식물이 없는 곳은 사막입니다. 사막은 죽음의 땅입니다. 하나님이 그 땅을 낙원으로 만드십니다. 왜 식물이 없었을까요? 그 이유를 창세기 2장 5절에서 두 가지로 설명합니다. 첫째, 하나님이 비를 내리지 않으셨기 때문입니다. 둘째, 경작할 사람이 없었기 때문입니다. 에덴은 놀고 먹는 곳이 아닙니다. 하나님이 아담을 만들고 에덴동산에 두어 어떤 일을 하게 하셨는지 과정을 살펴보겠습니다(창 2:7-16).

하나님이 아담을 만드십니다. 에덴을 만들고 거기에 그를 두십니다. 에덴에는 식물이 있습니다. 에덴은 매우 풍요로운 곳입니다. 하나님은 그곳에 아담을 두어 경작하며 지키게 하십니다. 아담은 일한 대가로 온갖 먹을거리를 얻습니다. 에덴에서 하나님이 아담에게 주신 명령은 '경작하는 것'입니다. '경작하다'(cultivate)에서 '문화'(culture)라는 말이 나왔습니다. 문화의 사전적 정의는 '자연 상태에서 벗어나 더 풍요롭고, 편리하고, 아름다운 모습으로 만들어 가고자 하는 일종의 행동 양식'입니다. 그래서 문화는 늘 발전해 갑니다. 이 말은 '에덴이 아담이 가꾸는 대로 더 아름다워졌다'는 뜻입니다.

핵심은 아담이 혼자 그 일을 했다는 것입니다. 어떻게 보였을까요? 하나님은 그가 힘들었다고 하지 않습니다. '외로워 보였다'고 합니다. 그래서 그에게 돕는 사람, 즉 그와 함께 일할 사람을 주겠다고 하십니다. "여호와 하나님이 이르시되 사람이 혼자 사는 것이 좋지 아니하니 내가 그를 위하여 돕는 배필을 지으리라 하시니라"(창 2:18).

'돕는'에 해당하는 히브리어 '에제르'는 여자를 수식하고 있지만 남성형입니다. 그것도 아주 강한 남성을 말합니다. 예를 들어 뛰어난 군사력(사 30:5)이나 우월한 몸집(시 121:1)을 가진 사람을 가리킬 때 이 단어를 사용했습니다.[30] 하나님이 아담에게 하와를 준 것은 단순히 그의 외로움을 달래기 위해서가 아니라 실질적인 도움을 주기 위해서입니다. 어떤 도움일까요?

하나님이 이번에는 그에게 짐승의 이름을 지으라고 명하십니다. 아담이 짐승의 이름을 짓습니다. 아마 힘들었을 겁니다. 괜히 돈 주고 이름을 짓는 게 아닙니다. 아담이 일을 마치자 또 나오는 말씀이 그에게 '돕는 배필이 없었다'는 것입니다. 앞서 아담이 에덴을 가꾸는 모습을 보면서 '돕는 배필을 줘야겠다'고 생각한 하나님은 이번에도 같은 생각을 하십니다.

드디어 인류 최초의 수술이 시작됩니다. 하나님이 아담을 마취시켜 재웁니다. 집도의는 하나님입니다. 환자는 아담입니다. 수술의 목적은 아담에게서 갈빗대 하나를 꺼내 여자를 만드는 것입니다. 하나님이 아담의 갈빗대 하나를 빼내고, 그 자리를 살로 채우십니다. 그리고 그 갈빗대를 이용해 여자를 만드십니다. 여자는 남자의 몸에서 시작된 셈입니다. 이는 둘이 같다는 뜻이고, 그만큼 서로 존귀하다는 뜻입니다.[31]

하나님이 여자를 아담에게 데려옵니다. 이때 아담이 뭐라고 하나요? "이는 내 뼈 중의 뼈요 살 중의 살이라. 이것을 남자에게서 취하였은즉 여자라 부르리라"(창 2:23). 이렇게 읽으니 별로 감동이 없습니다. 새번역 성경으로 보면 아담이 얼마나 좋아했는지 좀 더 알 수 있습니다. "이제야 나타났구나, 이 사람! 뼈도 나의 뼈, 살도 나의 살, 남자에게서 나왔으니 여자라고 부를 것이다."

그때부터 그들은 모든 일을 함께 합니다. 죄 짓는 것도, 일하고 애 낳는 것도 함께 합니다. 그들의 이야기는 아담이 아내의 이름을 짓는 데서 끝납니다. "아담이 그의 아내의 이름을 하와라 불렀으니 그는 모든 산 자의 어머니가 됨이더라"(창 3:20). 여기서 '불렀다'는 말은 '선포했다'는 뜻입니다. 범죄하고 쫓겨났으면 '죽은 자의 어머니'라고 해야지 왜 '산 자의 어머니'라고 했을까요? 앞에 나오는 창세기 3장 15절의 약속 때문입니다. 하나님은 거기서 여자의 후손을 통해 사탄의 세력을 멸하고 구원을 이루겠다고 약속하셨습니다.

아담이 그 약속을 붙들고 마지막으로 이름을 짓는데, 그 이름을 '하와', 즉 '생명'이라고 짓습니다. "나는 비록 하나님의 말씀에 불순종해 실패한 삶을 살지만, 아내를 통해 오실 구원자는 내가 실패한 일을 역전시켜 인류를 죽음에서 생명으로 옮기실 것"이라는 약속을 그 이름에 담은 것입니다.

이처럼 아담을 통해서는 '죽음'이 오고, 하와를 통해서는 '생명'이 옵니다. 그런 점에서 하와는 아담의 '돕는 배필'입니다. 하나님은 아담의 불순종을 통해 들어온 '영원한 죽음을' 하와의 후손을 통해 '생명(영생)으로' 바꿔 놓으십니다. 그러니 하나님이 아담에게 돕는 배필을 주신 것은 은혜입니다. 아담에게 동역자를 주신 은혜이고, 인류를 죽음에서 생명으로 옮긴 구원의 은혜입니다.

찾고 구하는 자에게 임하는 은혜: 노아 이야기

노아는 아담의 10대손입니다. 노아의 아버지 라멕은 아담이 874세 때 태어납니다. 아담은 라멕과 56년간 함께 살다가

930세에 죽습니다. 126년만 더 살았으면 노아를 보았을 것입니다. 아담은 무엇을 하며 그 오랜 시간을 살았을까요? 아마 후손들에게 복음을 가르치며 살았을 것입니다. 하나님이 어떻게 세상을 창조하셨는지, 죄가 어떻게 세상에 들어왔는지, 하나님이 주신 약속은 무엇인지 가르쳤을 것입니다.

하지만 그의 기대와 달리 인구가 증가하는 만큼 죄도 많아졌습니다. 심지어 하나님이 사람 지으신 일을 한탄할 지경이 되었습니다(창 6:5-6). 그때 노아가 태어납니다. 아담의 족보에서 유일하게 노아의 이름만 설명합니다. "이름을 노아라 하여 이르되 여호와께서 땅을 저주하시므로 수고롭게 일하는 우리를 이 아들이 안위하리라 하였더라"(창 5:29).

라멕은 노아를 통해 저주 받은 땅에서 수고로이 일하는 사람들이 안위받길 원합니다. 하지만 이 일을 아들에게만 맡기지 않습니다. 이 일을 위해 그가 한 일은 무엇인가요? 그는 노아를 182세에 낳은 후 595년을 지내며 자녀를 낳고 777세에 죽습니다(창 5:28-31). 노아의 홍수는 노아가 600세 되는 해에 일어났습니다(창 7:11). 라멕은 홍수가 있기 5년 전에 죽습니다. 그는 노아가 방주 만드는 모습을 100년 넘게 곁에서 지켜본 셈입니다.

라멕이 아들의 이름을 노아, 즉 안식이라고 짓고는 아들이

제멋대로 자라게 내버려뒀을까요? 아마 그는 노아에게 음식을 얻기 위한 수고로움을 알려주고, 그 수고가 왜 왔는지, 어떻게 회복되어야 하는지 가르쳤을 것입니다. 그가 앞으로 이룰 회복을 소망하며 신앙 훈련을 시켰을 것입니다.

그 결과 노아는 특별한 사람이 됩니다. 모든 사람이 하나님의 은혜에서 떠날 때, 노아는 하나님께 은혜를 입습니다(창 6:8). 여기서 '은혜를 입었다'는 말은 히브리어로 '마차 헨'입니다. 동사 '마차'는 '찾다, 만나다, 구하다'라는 의미입니다. 개역개정 성경은 이 동사의 또 다른 의미를 살려 '입었더라'로 번역합니다. "그러나 노아는 여호와께 은혜를 입었더라." 여기서 '입었더라'는 이 동사의 단순능동태 완료형 의미 중 하나입니다.

그러나 번역에 반영되지 않은 히브리어 용어 자체의 의미를 고려할 때, 우리말에는 드러나지 않는 교훈을 이끌어 낼 수 있습니다. 즉 히브리어 동사의 의미가 보여주는 바와 같이 이 말씀은 노아가 하나님의 은혜를 찾고 구했다는 의미도 함께 전달하고 있습니다. 이 말은 노아가 지녔던 삶의 자세와 태도가 어떠했는가를 시사합니다.

노아가 살던 시대의 모든 사람들은 항상 악할 뿐이었습니다(창 6:5). 그러나 노아는 그런 사람들과 함께 살면서도 하나님의 은혜가 얼마나 중요하고 필요한지 알았습니다.[32] 그는 자기를 지켜 세속에 물들지 않았습니다(약 1:27). 모든 사람이 악을 찾아 구할 때, 그는 어느 누구도 알지 못하고 찾지 않는 하나님의 은혜를 찾고 구했습니다(But Noah found favor in the eyes of the LORD. NIV, 창 6:8). 그러나 하나님의 은혜는 찾고 구한다고 해서 얻는 게 아닙니다. 은혜는 하나님이 일방적으로 베풀어 주시는 자비이기 때문입니다.

여기서 하나님의 은혜를 인간이 찾고 구하면 얻을 수 있는가 하는 신학적 질문을 해볼 수 있습니다. 아마도 한글성경은 이런 사정을 감안해 이 용어가 지닌 또 다른 수동형 의미인 '입었더라'로 번역했을 것입니다. 이렇게 번역하면 하나님의 은혜가 무조건적이고 절대적이며 불가항력적이라는 교리는 강화될 수 있습니다. 하지만 인간의 대응과 자세에 대해서는 전혀 드러내지 못하는 한계를 보입니다.

'은혜를 입었다'고 할 때 히브리어 동사 '마차'가 보여주는 의미는 두 가지입니다. 하나는 하나님의 은혜를 구하는 인간 편에서 노력해야 한다는 것이고(겔 36:37-38), 다른 하나는 인간이 아무리 구하더라도 은혜는 하나님이 주셔야 받을 수 있다는 것입니다. 그럼 "노아는 여호와께 은혜를 입었더라"는 말씀은 어떤 의미로 사용되었을까요?

그것은 노아의 '의로운' 행실과 관련이 있습니다.[33] 노아가 하나님께 은혜를 입었다는 말씀 다음에 나오는 구절을 보면, 그가 어떻게 살았는지 나옵니다. "이것이 노아의 족보니라. 노아는 의인이요 당대에 완전한 자라. 그는 하나님과 동행하였으며"(창 6:9). 성경은 노아를 의인이요 그 시대에 완전한 자라고 말합니다. 그가 왜 의인이고 완전한 자인지는 설명하지 않습니다. 굳이 이유를 찾자면, 아무도 하나님의 은혜를 찾지 않을 때 그가 하나님의 은혜를 찾고 그 은혜를 입었기 때문일 테지요. 노아는 당시 시대상에 반대되는 모습으로 살았습니다. 하나님은 그런 노아를 의롭게 여기셨고, 노아는 하나님의 은혜를 입을 수 있었습니다. 이와 비슷한 모습이 에스겔 14장 14절, 20절에도 나옵니다. "비록 노아, 다니엘, 욥 이 세 사람이 거기에 있을지라도 그들은 자기의 공의로 자기의 생명만 건지리라. 나 여호와의 말이니라."

누가 의인이 되고 하나님의 은혜를 입을 수 있나요? 하나님께 절대적인 은혜를 입은 사람이 그렇게 될 수 있지만, 하나님의 은혜를 사모하고 그분과 동행하며 살기를 간절히 바라는 사람이 그렇게 될 수 있습니다. 노아가 악한 당대 사람들과 다르게 산 것은 성품이나 인격이 탁월했기 때문이 아닙니다. 하나님이 그에게 은혜를 주시고 그와 동행하신 덕분입니다. 하나님의 은혜와 동행은 동전의 양면과 같습니다. 은혜를 받았기에 동행할 수 있고, 동행했기에 은혜를 받을 수 있습니다.

율법을 넘어서는 은혜: 모세 이야기

성경은 인간을 죄인이라고 규정합니다. 세상에 죄인이 아닌 사람은 없습니다(롬 3:23). 죄는 무엇이 정할까요? 율법입니다. 율법이 하는 일은 죄를 깨닫게 하는 것입니다. 율법이 할 수 없는 일은 사람을 의롭게 하는 것입니다(롬 3:20). 율법은 죄를 깨닫게 하지만 해결해 주진 못한다는 한계가 있습니다.

그럼 죄란 무엇일까요? 첫째, 죄는 순종이 부족한 것입니다. 하나님이 이웃을 사랑하라고 했는데 그렇게 하지 않은 것이 죄입니다. 둘째, 죄는 법을 위반하는 것입니다. 하나님이 금하신 일을 하는 것이 죄입니다. 셋째, 죄는 이성을 가진 피조물이 짓습니다. 동물은 죄를 짓지 않습니다. 인간은 죄인 줄 알면서도 죄를 짓습니다.

많은 신자들이 율법과 은혜의 관계를 이해하기 어려워합니다. 얼핏 보면 율법과 은혜는 충돌하는 개념 같습니다. 율법은 613가지의 계명을 다 지키라고 합니다. 한 가지라도 어기면 전부를 어긴 것이라고 합니다(약 2:10). 그런데 죄는 항상 은혜로 용서를 받습니다. 그렇다면 율법은 도대체 왜 필요한 걸까요?

대부분의 종교는 자력 구원을 강조합니다. 하지만 기독교는 하나님의 은혜로 구원 받는다고 가르칩니다.[34] 율법을 지키는 것은 구원을 얻기 위함이 아닙니다. 율법은 구원을 얻은 자에게 주어집니다. 이것은 회개와 용서의 관계와도 같습니다. 회개하면 용서 받을까요, 용서 받았기 때문에 회개할까요? 후자입니다. 회개하면 용서 받는 게 아닙니다. 용서하신 그리스도 앞에서 우리는 회개하게 됩니다.

율법과 은혜의 관계도 마찬가지입니다. 율법은 구원과 아무 상관이 없습니다. 율법은 하나님의 백성들에게 주어진 규칙입니다. 이스라엘 백성들이 율법을 받은 것은 그들이 하나님이 종살이에서 직접 구속하신 특별한 백성이기 때문입니다. 은혜가 먼저입니다. 율법은 그 뒤를 따르며 은혜를 더욱 은혜되게 합니다. 십계명의 탄생 과정이 그런 관계를 잘 보여줍니다.

십계명의 탄생 과정에서 큰일이 일어났습니다. 모세가 십계명을 받으러 간 사이에 산 아래에 있던 백성들이 금송아지를 만들고 '이것이 우리를 애굽 땅에서 인도해 낸 신'이라며

떠받든 것입니다(출 32:8). 하나님이 그 모습을 보고 모세에게 "이 백성을 보니 목이 뻣뻣한 백성이로다"(출 32:9)라고 말씀하십니다. "목이 뻣뻣한 백성"이란 율법의 가르침, 즉 멍에를 메는 데 익숙하지 않은 백성이라는 뜻입니다.[35] 하나님이 순식간에 이스라엘 백성들과 거리를 두십니다. 모세에게 이스라엘 백성을 가리켜 "네가 애굽 땅에서 인도하여 낸 네 백성"(출 32:7)이라고 말씀하십니다. 그리고 아브라함의 자손인 이 백성을 진멸하고 모세를 조상으로 하는 새 백성을 창조하겠다는 뜻을 암시하십니다.

이때 모세가 산 위에서 간절하게 중보기도를 합니다. 하나님이 큰 능력과 강한 손으로 이끌어 낸 이스라엘 백성을 스스로 진멸하신다면 하나님의 구원 자체가 무효화된다는 논리로 기도합니다. 모세의 기도를 듣고 이스라엘을 진멸시키려는 하나님의 결심이 누그러집니다. 그런데 정말 모세의 설득에 하나님이 결심을 돌이키신 걸까요? 그렇지 않습니다. 앞에서 우리는 회개의 원리를 배웠습니다. 회개했기 때문에 용서 받는 게 아니라 용서 받았기 때문에 회개하는 것입니다. 여기서도 같은 원리가 적용됩니다.

죄를 지은 이스라엘은 용서가 아니라 벌을 받아야 합니다. '회개하면 무조건 용서한다.' 만약 우리 사회가 이런 식이라면 어떻게 될까요? 어떤 사람이 중범죄를 저지른 후 "미안해. 잘못했어" 하고 사과하는 것으로 죄가 사라진다면, 그 사회는 어떻게 될까요? 무척 혼란스러워질 겁니다. 잘못했다는 말이 유효하려면 사과와 함께 합당한 배상이 따라야 합니다.

그럼 이스라엘은 어떤가요? 그들은 출애굽한 지 석 달 만에 하나님을 버리고 우상을 만들었습니다. 그 신이 자신들을 애굽에서 인도해 낸 신이라고 말합니다. 법대로 하면 그들을 진멸시켜야 합니다. 그들이 말하길 하나님이 자신들을 인도하지 않았다고 하니 그들을 더 이상 인도하실 필요가 없습니다(출 32:34, 33:2-3).

그런데 하나님은 어떻게 하시나요? 이스라엘 백성들이 회개하며 애굽에서 가지고 나온 장신구를 떼어 내자(출 33:6) 하나님의 마음에 변화가 일어납니다. "너희와 가나안 땅에 안 가겠다"고 하시던 하나님이, 모세가 진 밖에 쳐놓은 회막에 임재하여 "내가 친히 가리라. 내가 너를 쉬게 하리라"(출 33:14)고 약속하십니다.

왜 이런 약속을 해주시는 걸까요? 그들이 회개했기 때문인가요? 성경이 말하는 회개는 단순히 잘못을 고하는 게 아닙니다. 우리가 보통 이해하는 회개에는 '속죄'가 빠져 있습니다. 속죄는 죄를 배상한다, 잘못에 대해 보상한다는 뜻입니다. 죄를 갚는 보상이 없으면 죄송하다는 말을 할 수 없습니다. 죄에 대한 보상이 없으면 회개 자체를 할 수 없습니다.

그런데 우리는 회개할 수 없는 존재, 죄송하다고 말할 수 없는 존재입니다. 죄에 대한 처벌을 받지 않았기 때문입니다. 죄에 대한 대가를 치르지 않았기에 그런 말을 할 수 없습니다. 따라서 하나님께 죄송하다고 말했으니 회개했다고 생각한다면 큰 착각입니다. 그런 말은 아무런 의미가 없습니다.

하지만 누군가 내 죄의 대가를 대신 치렀다면 어떨까요? 누가 내 대신 죄의 형벌을 받았다면요? 그때는 얘기가 달라집니다. 잘못에 대한 보상을 치를 때에만 죄송하다는 말이 유효하다고 앞에서 말했습니다. 그렇다면 주님이 나 대신 십자가에서 형벌을 받으셨다면 어떨까요? 그럼 우리는 회개할 수 있습니다. 죄의 대가가 치러졌기 때문입니다.

그러므로 속죄의 의미를 이해해야 회개를 정의할 수 있습니다. 회개란 나를 대신하여 내 죄를 용서해 주신 예수님을 만난 자가 보이는 삶의 반응입니다. 한마디로, 속죄를 깨달은 자가 삶 속에서 보이는 반응입니다. 그 반응은 고백, 슬픔과 감격, 죄송함과 기쁨을 넘어 삶의 모든 태도를 포괄하며 평생 지속됩니다. 그래서 예수님의 속죄 교리가 매우 중요합니다. 이것은 죄인을 형벌이 아니라 회개를 통해 구원하시겠다는 뜻이기 때문입니다.

　범죄한 이스라엘 백성을 대하는 하나님의 태도도 마찬가지입니다. 하나님은 그들을 벌하지 않고 용서하겠다고 말씀하십니다. 그 근거는 그들의 회개가 아니라 하나님 자신의 성품에 있습니다.

　모세가 돌판을 깎아 다시 시내산에 오릅니다. 그곳에서 하나님의 이름이 선포됩니다. 하나님의 이름은 동사입니다. 자비롭고, 은혜롭고, 노하길 더디하고, 인자와 진실이 많고, 천대까지 계약적 의리를 지키며, 죄와 불법과 불의를 용서하는 하나님이십니다(출 34:6-9). 하나님은 이스라엘의 죄를 합당하게 다루지 않고 은혜를 베풀어 그들을 용서하십니다.[36] 다시 말하지만, 이것은 그들의 회개가 아니라 자비롭고 은혜로우며 죄와 불법을 용서하시는 하나님의 성품에 기인합니다.

　하나님은 그들을 구원하시고, 그런 다음 그들에게 율법을 주십니다. 이 말은 은혜를 이미 베푸셨으므로(용서는 이미 하셨으므로) 이제는 그들이 회개하면 된다는 뜻입니다. 율법은 은혜와 충돌하지 않습니다. 율법은 하나님의 은혜 안에서 탄생했습니다.

설명할 수 없는 뜻밖의 은혜: 다윗 이야기

다윗은 하나님의 손길이 많이 닿은 왕입니다. 17세에 왕으로 기름 부음을 받아 30세에 유다의 왕위에 오르고, 37세에 통일왕국의 왕이 되어 40년간 이스라엘을 통치합니다. 그 기간 동안 사울 왕의 살해 위협, 가족 내의 갈등, 국가적 문제와 반란을 겪습니다. 그는 이런 고난과 시련을 믿음으로 잘 견뎌내며 하나님의 인정을 받습니다(행 13:22). 하지만 그도 죄인입니다. 그는 어느덧 왕권에 취했고 자기중심적으로 변해 갔습니다.

왕이 된 후 다윗은 승승장구합니다. 모든 전쟁에서 이깁니다. 사무엘하 11장을 보면, 이제는 그가 전쟁에 나가지 않아도 될 정도입니다. 하지만 계속된 승리가 그에게 복이 되지 않습니다. 그의 군대가 암몬 군대와 싸우는 동안 그는 예루살렘에 남아 있었습니다. 그것이 화근이 되어 밧세바와 간음을 저지르고 맙니다. 그 뒤에 그가 일을 처리하는 방식은 더욱 끔찍합니다.

다윗이 간음할 때 밧세바의 남편 우리아는 다윗의 군사로 전쟁에 참여하고 있었습니다. 밧세바가 임신했다는 사실을 알게 된 다윗은 자신의 행위를 무마하기 위해 애씁니다. 하지만 두 번이나 실패하자 요압에게 편지를 보내 우리아를 가장 치열한 전선에 내보내 죽게 합니다. 다윗은 사울 왕에게 핍박을 받으며 목숨이 위태로운 시간을 지나왔는데, 어느 순간 그를 닮고 말았습니다.³⁷

사무엘하 11장에서 '보내다'라는 단어가 반복됩니다. 이 용례를 살펴보면 다윗이 얼마나 자기중심적이었는지 알 수 있습니다. 1절에서 다윗이 요압을 전쟁터에 내보냅니다. 이것은 왕으로서 마땅히 해야 할 일입니다. 3절에서 다윗은 목욕하던 밧세바가 어떤 여인인지 알아보라고 신하를 보냅니다. 이런 이유로 신하를 보내는 것은 본연의 임무에서 벗어난 일입니다. 4절에서 다윗은 신하를 보내 밧세바를 자기 방으로 데려오게 합니다.

다윗이 변했습니다. 나라를 다스리는 데 합법적으로 사용해야 할 권력을 사적인 일에 쓰고 있습니다. 권력이 타락의 도구가 되었습니다. 6절에만 '보내라'는 말이 세 번 사용됩니다. 여기서 '기별하여'라는 말도 '보내라'는 뜻입니다. 다윗이 범죄한 후 요압에게 사람을 보내 차도살인(借刀殺人), 즉 남의 칼을 빌려 사람을 죽이는 끔찍한 죄를 저지릅니다. 하지만 그는 양심의 가책을 전혀 느끼지 않습니다.

그런데 갑자기 반전이 시작됩니다. 반복되던 '보내다'라는 동사가 사무엘하 12장 1절에서 이렇게 사용되면서 마무리됩니다. "여호와께서 나단을 다윗에게 보내시니." 다윗은 무소불위의 권력을 휘두르며 사람들을 보냈지만, 그보다 더 크신 왕께서 다윗에게 한 사람 나단을 보내십니다. 나단은 담대한 심령으로 다윗에게 회개를 촉구합니다(삼하 12장).[38]

선지자 나단이 다윗에게 부유한 사람이 가난한 자의 어린 암양 한 마리를 빼앗은 이야기를 합니다. 다윗이 이야기를 듣고 부자에게 분노하며 그는 죽어 마땅하다고 성토합니다. 그러자 나단은 그자가 바로 다윗이라고 밝힙니다. 그런 다음 다윗에게 두 가지 저주를 합니다. 첫째는 "칼이 네 집에서 영원토록 떠나지 아니하리라"(삼하 12:10), 둘째는 "네 눈앞에서 네 아내를 빼앗아 네 이웃들에게 주리니"(삼하 12:11)[39]입니다.

그 말을 들은 다윗은 즉각 회개합니다. 이에 나단이 두 가지 사실을 선포합니다(삼하 12:13-14). "하나님이 당신의 죄를 용서하셨으니 당신은 죽지 않을 것입니다. 하지만 당신과 밧세바 사이에서 태어난 아들은 죽을 것입니다." 모세의 율법에 따르면 간음한 자는 돌로 쳐 죽여야 합니다(레 20:10, 신 22:22). 살인자도 죽여야 합니다(출 21:12, 레 24:17). 다윗은 두 가지 죄를 다 범했습니다. 하지만 그는 죽임을 당하지 않습니다. 이것을 어떻게 설명할 수 있을까요?

하나님의 끝없는 은혜입니다. 다윗이 그 은혜를 깨닫고 시편 32편에서 이렇게 말합니다. "허물의 사함을 받고 자신의 죄가 가려진 자는 복이 있도다. 마음에 간사함이 없고 여호와께 정죄를 당하지 아니하는 자는 복이 있도다"(시 32:1-2). 다윗은 자신이 죄인이라는 것을 알았습니다(삼하 12:5, 13, 시 51:1-4). 그뿐 아니라 하나님이 자비를 베풀어 자신의 죄를 계수하지 않으셨다는 것도 알았습니다. 그래서 그가 범죄한 후 나단 선지자가 찾아왔을 때 이렇게 회개합니다.

> 내가 주께만 범죄하여 주의 목전에 악을 행하였사오니 주께서 말씀하실 때에 의로우시다 하고 주께서 심판하실 때에 순전하시다 하리이다(시 51:4).

다윗은 "내가 주께만 범죄하여"라고 말합니다. 그가 우리아나 그의 아내 밧세바에게는 죄책감을 느끼지 않았다는 말이 아닙니다. 다만 자신이 사람들에게 지은 사악한 죄의 본질이 하나님을 향한 반역이라고 생각한다는 의미입니다. 다윗의 신경이 온통 하나님께만 가 있다는 뜻이기도 합니다.

다윗은 비록 하나님의 은혜를 입었지만 밧세바와의 사이에서 태어난 아이는 죽고 맙니다(삼하 12:15-23). 밧세바가 다시 임신을 해서 아이를 낳습니다. 다윗은 아이의 이름을 솔로몬, 즉 '평화'라고 짓습니다.

하나님이 이번에는 어떻게 하실까요? "무슨 염치로 아이를 낳냐"며 그 아이를 또 죽이셨을까요? 아니요. 하나님은 솔로몬을 죽이지 않으십니다. 오히려 나단을 보내 그의 이름을 '여디디야'라고 짓게 합니다. 여디디야는 '하나님이 사랑하신다'는 뜻입니다. 솔로몬은 다윗의 뒤를 이어 이스라엘 왕이 되고, 성전을 건축합니다. 무엇보다 성경을 세 권이나 씁니다.

정말 기막히지 않나요? 이것이 은혜입니다. 과분한 은혜, 뜻밖의 은혜, 설명할 수 없는 은혜, 믿을 수 없는 은혜입니다. 하나님은 다윗이 범죄했음에도 불구하고 그에게 끝까지 은혜를 베푸셨습니다.

우리의 인생은 다윗의 인생과 많이 다르지만 한 가지는 똑같습니다. 우리 모두는 하나님의 은혜를 시험대 위에 올렸습니다. 우리 모두는 하나님의 율법을 어겼습니다. 한 가지 죄를 고백하기가 무섭게 또 다른 죄를 지었습니다. 하나님이 언제 용서해 주실까요? 언제쯤 우리가 지은 죄를 형벌하실까요? 그런데 다윗의 이야기는 하나님의 은혜가 끝이 없음을 보여줍니다.

마태는 예수님의 족보를 편집하면서 다윗의 인생에서 어

두운 장을 끼워 넣습니다. "오벳은 이새를 낳고 이새는 다윗 왕을 낳으니라. 다윗은 우리아의 아내에게서 솔로몬을 낳고"(마 1:5-6). 마태는 왜 이 이야기를 굳이 기록한 걸까요? 다윗의 이야기가 마태가 앞으로 하려는 이야기에 매우 중요하기 때문입니다. 그는 예수님에게서 다윗이 경험한 것 같은 은혜를 맛보았습니다(마 9:9). 아무리 큰 죄라도 덮을 수 있는 은혜, 온 세상의 죄를 다 품을 수 있는 은혜, 그 은혜가 예수 그리스도께 있다는 걸 나타내기 위해 마태는 그 이야기를 기록합니다.

완전한 회복과 구원의 은혜: 예레미야 이야기

예레미야서의 핵심 메시지는 예루살렘의 심판과 회복입니다. 1장 10절에 나오는 여섯 개의 동사가 그것을 강조합니다. "보라. 내가 오늘 너를 여러 나라와 여러 왕국 위에 세워 네가 그것들을 '뽑고' '파괴하며' '파멸하고' '넘어뜨리며' '건설하고' '심게' 하였느니라 하시니라"(렘 1:10). 앞에 나오는 네 개의 동사는 파괴를, 나머지 두 개는 회복을 가리킵니다.[40] 예레미야서 첫 장부터 하나님의 심판과 심판 이후의 회복을 강조하고 있습니다.

이러한 심판과 회복의 메시지는 내용상 크게 세 종류의 선포로 정리할 수 있습니다. 과거(심판의 이유와 결과), 현재(심판에 대처하는 행동 지침), 미래(심판 이후의 회복)입니다. 특이하게도 이러한 세 종류의 메시지에 '아바드'(섬기다)라는 동사가 공통되게 등장합니다. '아바드'는 구약의 예언서에서 65번 나오는데, 그중 무려 37번이 예레미야서에 나타납니다.

먼저 예레미야서 전반부(1-25, 35, 44장)에서 사용된 아바드는 심판의 이유에 대해 말합니다. 즉 그들이 '우상을 섬겼다'는 것입니다. 심판의 결과는 포로로 끌려가 이방인과 이방신을 섬기게 되는 것입니다.

둘째, 예레미야서 후반부(26-52장)에 사용된 아바드는 심판에 대처하는 행동 지침을 말합니다. 한마디로 '바벨론 왕을 섬기라'는 것입니다. 이때 거짓 선지자 하나냐는 '바벨론 왕을 섬기지 말라'는 말로 예레미야에게 대항합니다.

셋째, 예레미야서 중반부(30-33장)에 사용된 아바드는 심판 이후의 회복을 말합니다. 회복은 두 단계로 묘사됩니다. 첫 단계는 70년 후에 바벨론이 멸망하는 것입니다. 두 번째 단계는 백성들이 바벨론 왕을 섬기지 않고 '하나님을 섬기게 된다'는 것입니다. 앞서 저주(이방인과 이방신을 섬김)를 표현하는 데 두 차례 사용된 아바드가 이제는 온전한 회복을 강조하기 위해 쓰입니다.

이런 점에서 아바드는 예레미야서의 과거, 현재, 미래의 메시지와 관련되며, 이것의 구성과 전개에 핵심 단어임을 알 수 있습니다.[41] 이제 예레미야 이야기를 통해 하나님의 은혜가 어떻게 임했는지 살펴보겠습니다.

예레미야가 선지자로 부름을 받아 하나님의 말씀을 전한 시기는 남유다 말기에 해당하는 요시야 왕 때부터 마지막 왕인 시드기야 왕 때까지입니다. 예레미야는 남유다가 바벨론에 의해 망하고, 백성들이 모두 바벨론으로 끌려간 후에도 계속 사역했습니다. 모든 선지자에게 쉽지 않은 시기겠지만, 예레미야는 특히 더 어려움을 겪었습니다. 남유다에 임할 하나님의 심판이 이미 결정되었다는 괴로운 메시지를 전해야 했기 때문입니다. "이 모든 땅이 폐허가 되어 놀랄 일이 될 것이며 이 민족들은 칠십 년 동안 바벨론의 왕을 섬기리라"(렘 25:11).

당황스럽게도 남유다 백성들은 예레미야가 전하는 말씀을 듣고도 위기 의식을 느낀다든지 죄를 뉘우친다든지 하지 않았습니다. 그들이 가나안 땅에 들어온 후로 900년 동안 수많은 죄를 지었음에도 불구하고 그동안 하나님이 그들을 참아 주고 용서해 주셨기 때문입니다.

예레미야 당시에서 약 150년 전, 앗수르 왕 산헤립이 18만 5천 명의 군대를 이끌고 예루살렘 성을 포위했을 때에도 하나님은 기적을 일으켜 그들을 구원해 주셨습니다(왕하 19:35). 덕분에 남유다는 고대 근동에서 유일하게 앗수르의 식민지가 되지 않았습니다. 남유다는 그런 상태가 계속될 줄 알았습니다. 그때처럼 하나님이 지켜 주실 거라고 믿었습니다. 하지만 그때 남유다가 함락되지 않은 것은 하나님이 앗수르의 경계를 북이스라엘까지로 정하셨기 때문입니다(왕하 19:32-33). 지금은 상황이 다릅니다. 그때와 달리 하나님은 '남유다가 바벨론의 포로가 될 것'이라고 말씀하십니다.

사람들은 '절대 그럴 일이 없을 것'이라는 거짓 선지자 하나냐의 말을 듣습니다. 왕과 신하와 제사장들은 예레미야를 압박하며 150년 전에 이사야가 '하나님이 앗수르의 손에서 유다를 구해 낼 것'(사 38:6)이라고 예언했듯이 그도 '하나님이 바벨론의 손에서 유다를 구원하실 것'이라는 예언을 하라고 요구합니다. 하나님의 뜻을 자기들 입맛에 맞게 바꿔 달라는 것입니다.

예레미야는 그들의 말을 듣지 않습니다. 오히려 하나님의 말씀을 듣고 바벨론에 항복하라고 백성들에게 전합니다. 그래야 시드기야 왕도 살고, 왕의 아들들도 살고, 예루살렘 성과 성전과 집들도 불에 타지 않고, 어린 아이들이 길거리에서 죽지 않을 것이라고 말합니다.

하나님이 정하신 바벨론 포로 70년의 징계를 받아들이라는 것입니다. 바벨론에 순순히 끌려가 거기서 다시 하나님 나라 백성으로 재교육을 받고 오라고 이릅니다. 그 사이에 예루살렘 땅은 안식을 누리고, 바벨론에서 70년이 차면 바벨론은 멸망할 것입니다. 무엇보다 바벨론 포로로 지내는 70년은 재앙이 아닌 평안이고, 오히려 그들이 극히 좋은 무화과 열매가 되는 놀라운 시기라고 말합니다.

하지만 남유다의 시드기야 왕과 왕의 신하들과 제사장들과 백성들은, 바벨론 군대가 예루살렘 성을 18개월 동안이나 포위하며 항복을 요구했지만 끝까지 저항합니다. 마침내 예루살렘 성은 바벨론 군대에게 함락되면서 말로 다 표현할 수 없이 처참한 응징을 당합니다. 성난 바벨론 군대는 예루살렘 성 안에 들어와 왕궁과 성전과 집들을 불태우고, 성벽을 모두 부수고, 남자들을 닥치는 대로 죽이고, 여자들은 폭행했습니다. 아이들은 길거리에서 기절해 죽어 갔습니다.

시드기야는 혼란한 틈을 타서 왕궁을 몰래 빠져나옵니다. 그러다가 느부갓네살 왕에게 잡혀 어린 두 아들이 칼에 목이 잘려 죽는 장면을 목격합니다. 그는 이 장면을 마지막으로 보고 두 눈이 뽑힌 채 쇠사슬에 묶여 바벨론에 끌려갑니다(왕하 24장, 렘 39장). 이때 예루살렘 성에서 살아남은 사람들이 시드기야 왕과 함께 포로로 끌려가는데, 이들이 바로 바벨론 3차 포로들입니다.

예레미야는 그들과 함께 포로로 끌려가다가 라마에서 풀려납니다. 느부갓네살의 사령관 느부사라단이 풀어 준 것입니다. 그는 예레미야에게 자신과 함께 바벨론으로 가면 선대하겠다고 제안합니다. 혹시 남유다로 돌아가겠다 해도 괜찮다고 합니다. 이미 남유다의 총독으로 임명된 그다랴에게 가서 그를 도우면 거기서도 평안할 것이라고 귀띔합니다. 그러나 예레미야는 극상품 무화과 열매가 되지 못할 사람들, 즉 예루살렘에 남은 사람들과 함께하기로 선택합니다.

예루살렘에 돌아온 그는 바벨론 군대에 의해 쑥대밭이 된 거리에 주저앉아 웁니다. 얼마나 울었는지 눈이 상하고 창자가 끊어지며 간이 땅에 쏟아질 정도였다고 합니다. 예레미야는 그렇게 슬피 울다가 새벽에 이르러 다시 소망을 노래하기 시작합니다. 그가 다시 소망을 품을 수 있었던 것은, 그 모든 재앙에도 불구하고 하나님이 남유다를 진멸하지 않고 바벨론에 남은 자를 두셨다는 사실에 기인합니다.

이것이 예레미야서가 끝나고 다시 시작하는 예레미야의 노래인 예레미야애가입니다. 이 슬픈 노래는 간절한 기도로 끝을 맺습니다.

여호와여, 주는 영원히 계시오며 주의 보좌는 대대에 이르나이다. 주께서 어찌하여 우리를 영원히 잊으시오며 우리를 이같이 오래 버리시나이까. 여호와여 우리를 주께로 돌이키소서. 그리하시면 우리가 주께로 돌아가겠사오니 우리의 날들을 다시 새롭게 하사 옛적 같게 하옵소서. 주께서 우리를 아주 버리셨사오며 우리에게 진노하심이 참으로 크시니이다(애 5:19-22).

앗수르 제국에게 멸망한 북이스라엘은 이런 슬픈 노래를 지어 부르지 않았습니다. 그들은 귀족 3만 명이 앗수르로 끌려가 거기서 경제 활동을 하며 가정을 이루며 살다가 앗수르가 다스리는 사마리아로 돌아와 정착했기 때문입니다. 하지만 남유다는 바벨론에서 노예 생활을 하며 뒤늦은 후회를 합니다. 그들은 그발 강가에 앉아 예루살렘을 그리워하며 깊은 반성과 회한이 담긴 슬픈 노래를 부릅니다.

그런데 놀랍게도 예레미야가 부른 슬픈 노래의 엔딩이었던 그 기도가 다니엘, 에스겔, 스룹바벨, 에스더, 에스라, 느헤미야와 같은 극상품 무화과 열매들을 여물게 하는 원동력이 됩니다. 예레미야의 눈물과 포로민들이 부른 슬픈 노래가 다시 이스라엘을 회복시킬 종들을 일으켜 세웁니다.

예레미야는 하나님이 주신 시간을 말씀과 기도와 눈물로 보냅니다. 사람을 살리고 민족을 회복시키는 일에 일생을 보냅니다. 누가 알아주지도 않고 고초도 많이 겪습니다. 그러나 하나님은 그의 끈질긴 헌신을 통해 이스라엘의 회복을 이룰 사람들을 일으키십니다. 이 모든 일을 이루는 데 사용된 핵심 단어가 '아바드'입니다. 저주를 구성하기 위해 사용된 단어가 이제 축복의 단어가 됩니다.

우리는 예레미야서에서 회복을 위해 심판하시는 하나님을 만날 수 있습니다. 진정한 회복은 섬김의 방향을 바꾸는 것입니다. 하나님은 유다 백성들에게 "악행을 버리고 돌아오라"(렘 25:5)고 말씀하십니다. 순종하면 회복이고 불순종하면 심판입니다. 이렇듯 하나님의 은혜는 완전한 회복과 구원을 가져다줍니다.

소그룹을 위한 질문

1. 엄한 아버지 밑에서 자란 사람은 하나님께도 두려운 감정을 갖기 쉽습니다. 둘 사이에서 투사적 동일시가 일어나기 때문입니다. 하나님은 나에게 어떤 아버지입니까?

2. 구약에 나타난 은혜의 특징은 무엇입니까? 세 가지 핵심 단어는 죄, 용서, 구원입니다. 이 은혜가 아담, 노아, 모세, 다윗, 예레미야에게 각각 어떻게 나타났는지 얘기해 보십시오.

3. 율법은 은혜와 충돌하지 않고 오히려 은혜에 기여합니다. 죄인을 하나님의 진노 아래로 데려갑니다. 그때 은혜는 무슨 역할을 합니까? 회개를 예로 들어 설명해 보십시오.

4. 다윗은 큰 죄를 지었지만 오히려 과분한 은혜를 받습니다. 은혜가 죄 사함을 중심으로 작용하기 때문입니다. 죄와 은혜는 어떤 관계입니까?(참고 롬 5:20)

3
신약에서 은혜 찾기

신약의 하나님은 선하신 하나님?

하나님은 선하신가요? 그렇습니다. 하나님은 스스로 온전히 선하시고, 피조물에서 드러나는 모든 선의 주인이십니다(시 119:68). 그렇다면 왜 이 땅의 악을 그대로 두실까요? 이것은 아주 오래된 질문입니다. 1710년 독일 철학자 라이프니츠가 이 질문에 대한 대답으로 신정론(神正論, theodicy)이라는 용어를 만들었습니다.[42] 이 용어를 만든 목적은 이 세상에서 악이 하나님의 선과 갈등하지 않음을 보여주기 위해서입니다.

하지만 이것을 부정적인 눈으로 바라보는 사람들이 있습

니다. 그들은 악이 여전히 존재하므로 선하신 하나님은 존재하지 않는다고 주장합니다. 이런 논리를 주장하는 사람들의 가장 큰 특징은 하나님과 악을 직접 연관짓는다는 것입니다. 그 결과 하나님을 악의 창시자로 만들거나 하나님의 존재 자체를 부정하는 결론으로 치닫습니다. 이런 논리 구조는 필연적으로 무신론적 극단성을 띨 수밖에 없습니다.[43]

한편 하나님의 절대 주권을 강조하는 입장에선 하나님이 더 큰 선을 위해 악을 선하게 사용하실 수 있다고 주장합니다. 네덜란드의 개혁신학자 헤르만 바빙크는 이렇게 말합니다.

> 성경은 하나님이 죄를 악인들의 징벌, 자기 백성의 구원, 신자들의 시험과 질책, 자기 이름의 영광을 위한 도구로 삼아 사용한다는 것을 반복적으로 언급한다. 무엇보다도 하나님은 완전히 거룩하고 전능하신 분이기에 죄를 자기 손 안의 수단으로 사용할 수 있다. 그러나 피조물들은 그렇게 할 수 없으며, 조금만 닿아도 스스로 오염되고 불결해진다. 하지만 하나님은 악과 전혀 상관이 없으므로, 죄를 다름 아닌 자신의 영광을 위한 저항 없는 수단으로 사용할 수 있다.[44]

전능하신 하나님은 모든 것을 절대적 주권 아래서 다스리고 제어하십니다. 따라서 이 땅에 죄악이 가득하다면, 그것 역시 하나님의 절대적 주권 아래 존재한다고 믿어야 합니다. 하나님은 모든 것을 작정하고 섭리하십니다. 작정과 섭리의 궁극적인 이유는 그분의 영광에 있습니다. 따라서 유한한 인간의 시각으로는 잘 이해되지 않더라도 여전히 우리가 겸손히 고백해야 할 것이 있습니다. 하나님은 악의 존재를 통해서도 영광을 받으신다는 사실입니다.[45]

원수를 갚으시는 하나님

선하신 하나님은 원수를 갚으시는 하나님입니다. 요한계시록 6장에 순교자들이 외치는 장면이 나옵니다. 그들이 하나님께 원수를 갚아 달라고 호소합니다.

> 큰 소리로 불러 이르되 거룩하고 참되신 대주재여 땅에 거하는 자들을 심판하여 우리 피를 갚아 주지 아니하시기를 어느 때까지 하시려 하나이까 하니(계 6:10).

"거룩하고 참되신 대주재여." 이것은 당시 로마 제국의 황제를 부르는 호칭입니다. 그 호칭을 하나님께 사용해 로마 황제에게 도전하고 있습니다. 로마 제국이 볼 때 순교자들의 죽음은 그들의 실패이고, 그들이 믿는 하나님 역시 실패자로 인식될 수밖에 없습니다.[46] 이런 상황에서 하나님이 벌하지 않으신다면 그분은 불의한 자로 간주될 것입니다.[47] 그래서 순교자들이 하나님을 "대주재여" 하고 큰 소리로 부릅니다.

그들은 하나님께 "땅에 거하는 자들을 심판"해 달라고 요청합니다. 이러한 요청은 악이 처벌받지 않은 채 남아 있는 동안 부당하게 고난받은 하나님의 종들의 감정을 반영합니다.[48] 하지만 이러한 요청의 목적은 개인의 복수에 있지 않습니다. 반대로 공의의 실행이 목적입니다.[49] 하나님은 그들의 요청에 '원수를 갚아 주겠다'며 보응을 약속하십니다(신 32:43, 왕하 9:7, 시 79:10. 참고 계 16:6, 17:6, 18:24, 19:2).

언제 하나님의 보응이 이루어질까요? 이미 네 차례 인을 떼는 심판을 통해 땅에 사는 자들을 심판했습니다. 그런데도 그들은 '언제까지 심판을 행하지 않을 거냐'고 묻습니다. 이것은 하나님의 심판에 때가 있음을 보여줍니다. 아직 하나님의 심판은 끝나지 않았고, 순교자들의 기도는 일곱 번째 인을 떼는 심판에서 응답되고 성취됩니다. 요한계시록 6장 11절을 보면 심판이 어떻게 진행되는지 알 수 있습니다.

각각 그들에게 흰 두루마기를 주시며 이르시되 아직 잠시 동안 쉬되 그들의 동무 종들과 형제들도 자기처럼 죽임을 당하여 그 수가 차기까지 하라 하시더라.

요한계시록에서 흰 옷은 복과 순결의 상징입니다. 그 옷은 이십사 장로들이 입었고(계 4:4), 보좌 앞에 있는 구속받은 무리가 입었습니다(계 7:9). 그들은 큰 환난에서 나와 어린 양의 피에 그 옷을 씻어 희게 한 자들입니다(7:13-14, 참조 22:14).[50] '잠시 동안 쉬다'라는 말은 '멈추다', '쉬다'라는 뜻입니다. 이것은 하나님께 부르짖기를 멈추라는 의미입니다.[51] 왜 멈추라고 하시나요? 이제 그들의 기도가 머지 않아 응답될 것이기 때문입니다. 그러니 더 이상 초조해하거나 불안해하지 말고 쉬라고 말씀하십니다.

그럼 언제까지 쉬어야 하나요? 순교자들의 수가 찰 때까지입니다. 네로의 박해로 수많은 신자들이 순교를 당했습니다. 로마의 박해는 진행중입니다. 도미티아누스를 숭배하지 않아 순교를 당하는 자들이 이어지고 있습니다.[52] 그 수가 다 차면 순교자들을 죽인 자들에 대한 심판이 단행될 것입니다.

선하신 하나님은 원수를 갚으시는 하나님입니다. 이는 자녀들의 억울함을 풀어 주는 아버지의 애틋한 마음입니다. 또한 하나님이 오래 참음으로 보여주시는 인고의 은혜입니다.

분노하시는 하나님

선하신 하나님은 분노하시는 하나님입니다. 하나님은 공의 안에서 옳은 일을 하는 자들에게는 선한 분이지만, 악을 행하는 자들에게는 분노하고 심판을 내리십니다. 어떤 사람은 자비가 하나님의 본질적인 사역이라면, 분노는 비본질적인 사역이라고 말합니다. 비록 분노가 하나님의 본성에 상반된다 해도 사악함과 죄의 불쾌함은 하나님께 의로운 분노를 불러일으킵니다.[53]

그렇다면 분노도 하나님의 은혜인가요? 그렇습니다. 칼뱅은 『기독교 강요』에서 아우구스티누스의 말을 빌려 분노하시는 하나님의 은혜에 대해 말합니다.

> 우리가 하나님을 향하여 적의를 품고 악을 행하였을 때에도 그는 우리를 사랑하신다. 심지어 그는 우리를 미워하실 때도 우리를 사랑하신다. 자신이 짓지 않은 것이 우리에게 있음을 보시고 우리를 미워하셨으면서도, 우리의 사악함이 그의 손으로 지으신 바를 완전히 소멸하지 않았기 때문에, 그는 우리 속에서 우리가 만들어 놓은 것을 모두 미워하시는 동시에 또한 우리 속에 남아 있는 그가 지은 것을 사랑하신 것이다 (2.16.4).[54]

하나님은 우리가 죄를 지을 때 교육적인 측면에서 분노하십니다. 이를테면 자녀가 잘못했을 때, 아버지는 자녀를 여전히 사랑하면서도 무서운 표정을 짓습니다. 하지만 자녀가 용서를 빌면 다시 웃는 얼굴로 자녀를 대합니다. 이 과정에서 자녀를 향한 아버지의 마음이 사랑에서 분노로 바뀌었다가 다시 사랑으로 바뀌는 게 아닙니다. 아버지의 마음은 항상 사랑으로 가득 차 있습니다. 그러나 자녀가 죄를 지을 때 아버지는 자녀의 유익을 위해 분노를 보입니다.[55]

선하신 하나님도 분노하실 수 있습니다. 그것은 자녀의 유익을 위한 사랑의 분노입니다. 그 분노는 사랑 속에 감춰진 하나님의 은혜입니다.

신약의 은혜 배경: 그레코-로마 시대의 은혜

오늘날 우리가 사용하는 '은혜'라는 용어는 초기 기독교 공동체에서 사용하던 것과 같은 의미일까요? 이에 대해 그레코-로마 시대의 문헌을 연구하는 데이비드 드실바는, 현재 우리가 사용하는 은혜라는 용어는 본래의 의미에 다른 의미가 덧붙은 것임을 암시합니다.

오늘날 은혜는 일차적으로 교회와 그리스도인 모임에서만 들을 수 있는 종교적 용어다. 이 용어는 2천 년 동안 신학적 숙고와 발전, 축적을 통해 진보해 왔다. 그러나 신약의 실제 저자들과 독자들에게 은혜는 일차적으로 세속적인 것과 반대되는 용어가 아니었다. 오히려 이 용어는 인간들 사이에 또 하나님과 인간들 사이에 나타나는 호혜에 대해 말할 때 사용되었다.[56]

은혜라는 용어가 처음부터 신학적으로 사용된 것은 아닙니다. 당시 문화 속에 있던 것이 교회 안으로 자연스럽게 스며들었습니다. 따라서 초기 교회에서 사용된 은혜라는 용어의 정확한 의미를 알려면, 그레코-로마 시대에 사용된 은혜의 개념, 즉 클리엔텔라(clientela, 보호자 예속 제도)에 나타난 은혜의 개념을 살펴봐야 합니다.

신약에 나타난 보호자-수혜자 관계

신약성경이 기록될 당시 고대 지중해 문화는 보호자-수혜자 관습이 지배하던 가부장적이고 관계지향적인 원시 농경 사회였습니다.[57] 오늘날 보편적 사회에서는 재화에 접근하는 것이 모든 사람의 보편적 권리로 간주되지만, 그레코-로마 사회에서는 불평등한 지위와 권력이 당연했습니다. 이런 환경에서 보호자-수혜자 관계는 한정된 재화를 나누고자 하는 의식에서 파생된 사회 관계였습니다. 은혜 혹은 호의를 주고받는 행위는 1세기 사람들에게 '인간 사회의 가장 중요한 연대를 형성하는 관행'이었고,[58] 보호자-수혜자 관계는 그레코-로마 시대의 전 지역, 즉 골(Gaul), 시리아, 갈릴리를 포함한 팔레스타인 지역에서 널리 시행된 제도였습니다.[59]

신약성경에는 보상, 은사, 은혜와 같이 보호자-수혜자 관계에 상응하는 용어들이 자주 등장합니다. 이 용어들은 후원자인 인간뿐 아니라 은혜를 베푸시는 주체인 하나님에게까지 확대 적용됩니다. 성경 언어의 사회적 의미에 대해 연구한 브루스 J. 말리나는 '은혜'에 관해 중요한 지적을 합니다.

> 은혜는 어떤 상류 사회층에 있는 후원자가 하류 사회층에 있는 피보호자에게 베푸는 결과를 낳은 '호의' 혹은 반대급부가 딸린 선물이다… 신학적으로 말해서, 하나님이 먼저 은혜를 베푸신다는 것은 먼저 주신다는 것을 의미한다. 최소한 이 이미지는 하나님의 선의, 즉 '베푸는 것'을 원하거나 필요로 하는 사람의 개방성을 찾고 있음을 의미한다.[60]

말리나의 주장에 따르면, 은혜란 피후원자가 원하는 것

을 후원자가 제공하고 피후원자에게서 그들이 원하는 충성의 약속을 얻는 것입니다. 이때 피후원자가 후원자에게 받는 도움은 겉으로 드러나는 경우가 많습니다. 예를 들면 소작농에게 경작지를 주거나 경제적 도움을 주거나, 일거리나 승진의 기회를 제공하는 것입니다. 반면 피후원자는 보통 겉으로 드러나지 않는 것으로 보답합니다. 예를 들면 공동체 안에서 후원자의 명망을 널리 알리거나, 후원자와 정치적 노선을 같이하여 그가 하는 일을 절대적으로 지지하는 것입니다.

이런 예를 누가복음 7장에서 찾아볼 수 있습니다. 백부장의 종이 큰 병에 걸렸습니다. 백부장은 예수님께 도움을 받고자 합니다. 하지만 자신이 가지 않고 예수님과 연결된 자신의 피후원자들을 보냅니다. 평소 백부장에게 수혜를 입은 유대인 장로들이 중재자 역할을 합니다. 그들은 예수님께 와서 백부장의 명망을 알립니다. "그가 우리 민족을 사랑하고 또한 우리를 위하여 회당을 지었나이다"(눅 7:5). 그 결과 백부장은 필요한 은혜를 예수님께 받게 됩니다.[61]

백부장과 장로들은 상호간에 은혜를 주고받습니다. 여기서 백부장은 보호자로, 장로들은 수혜자로 등장합니다. 또 백부장과 예수님 사이에서 예수님은 보호자로, 백부장은 수혜자로 등장합니다. 본문에는 보호자-수혜자라는 용어가 사용되지 않지만, 이들 사이에서 서로 주고받은 행위는 당시 보호자-수혜자 관계에 기초한 일반적인 사회 행동이었습니다.

그런데 여기서 생기는 의문이 있습니다. 그렇다면 은혜는 일종의 신세인 걸까요?

<u>은혜는 신세다?</u>

말리나는 은혜는 '신세'라고 말합니다. '공짜 점심'이 아니라는 것입니다. 그에 따른 대가 내지 기회 비용이 발생하기 때문입니다. 사실 우리는 이 개념에 익숙합니다. 어려서 읽은 〈은혜 갚은 까치〉, 〈은혜 갚은 호랑이〉, 〈흥부놀부전〉의 은혜 갚은 제비처럼 받은 은혜는 반드시 갚아야 한다는 이야기를 많이 보고 들었기 때문입니다.

그러나 개인주의가 발달한 서구에서는 반대급부가 부과되는 은혜는 진정한 은혜로 여기지 않습니다. 서구에서 은혜는 아무런 의무가 따르지 않는 선물입니다. 하지만 관계지향적 사회에서 은혜는 반대급부가 따르는 선물입니다.[62] 특히 체면을 중시하는 사회일수록 자신이 받은 것에 대한 도리를 다하려 합니다. 수혜자에게 은혜는 한편으로는 값없는 선물이지만, 동시에 언제나 지중해 문화에서 그러하듯이 감사의 의무와 빚으로 남습니다.[63] 특히 윗사람에게 받은 은혜는 반드시

의리, 신의, 충성의 관계로 보답해야 합니다. 그렇지 않으면 관계지향적인 사회에서 살아가기 어렵습니다.

이것을 보여주는 성경의 예가 있습니다. 바울이 빌레몬에게 보낸 편지입니다. 이 편지는 바울이 빌레몬에게 제공했던 과거의 혜택들을 이야기하며 오네시모를 자유롭게 풀어 주고 자신에게 돌려보낼 것을 요청합니다(몬 1:8, 18, 20).

오네시모는 주인의 형벌을 피해 바울이 있는 로마까지 도망친 노예입니다. 그는 바울을 만나 예수님을 믿고 세례를 받았습니다. 바울은 오네시모를 자신의 아들이라고 칭합니다(몬 1:10). 그가 예수님을 믿기 전에는 무익한 자였지만 이제는 쓸모 있는 자라고 말합니다(몬 1:11). 당시 로마법상 도망친 노예는 숨겨 줄 수 없기에 바울은 그를 빌레몬에게 돌려보내며 편지를 씁니다. 가능하면 그를 풀어 주어 자신의 사역을 돕게 해 달라는 내용입니다. 이런 이야기가 보호자-수혜자의 관계 속에서 진행됩니다.

바울의 편지를 받은 빌레몬은 어떻게 했을까요? 바울에게 받은 은혜를 갚았을까요, 아니면 무시했을까요? 결과는 분명치 않지만, 이 일은 초기 신앙 공동체 안에서 보호자-수혜자의 관계가 어떻게 이루어지고 있는지 잘 보여줍니다. 그렇다면 그레코-로마 시대의 수직적인 보호자-수혜자의 관계가 예수님께도 동일하게 적용되었을까요?

예수님의 보호자-수혜자 사상

예수님도 당시 보호자-수혜자의 관계를 아셨습니다. 주님도 힘 있는 자가 힘 없는 자를 돕고, 많이 가진 자가 적게 가진 자를 돌볼 것을 강조하셨습니다(눅 16:19-31). 하지만 구제할 때는 오른손이 하는 일을 왼손이 모르게 하라고 이르셨습니다(마 6:3). 병든 자를 고치고, 죽은 자를 살리며, 나병환자를 깨끗케 하고, 귀신을 쫓아낼 때 너희가 거저 받았으니 거저 주라고 말씀하십니다(마 10:8).

예수님의 보호자-수혜자의 관계는 당시 권력가들이 생각하는 바와 달랐습니다. 그들은 백성들에게 '빵과 오락'을 제공하며 수직적 주종 관계를 만들었습니다. 이런 관계에서 약자에 대한 배려는 없고, 그런 행동이 미덕으로 칭송받는 경우도 드뭅니다. 이런 권력 구조 안에서 보호자-수혜자의 구도가 형성되고, 둘 사이를 조정하는 중재인들이 생겨났습니다. 그 관계는 오랫동안 로마 제국을 유지하는 틀이 되었습니다. 여기서 황제 숭배도 나오고, 황제는 자신을 신격화하기 위해 많은 비용을 치렀습니다.[64]

예수님은 이렇게 정치적이고 권력적인 사회 구조의 서열

화를 반대하십니다. 누가복음 22장에서 제자들 사이에 누가 더 큰 사람이 되어야 하는가를 놓고 다툼이 일어나자 예수님이 그들에게 말씀하십니다.

> 뭇 민족들의 왕들은 백성들 위에 군림한다. 그리고 백성들에게 권세를 부리는 자들은 은인[자선가]으로 행세한다. 그러나 너희는 그렇지 않다. 너희 가운데서 가장 큰 사람은 가장 어린 사람과 같이 되어야 하고, 또 다스리는 사람은 섬기는 사람과 같이 되어야 한다(눅 22:25-26, 새번역).

로마의 황제들은 '자선가'라고 자칭하길 좋아했습니다. 백성들에게 자선을 베풀면서 자기를 신처럼 섬겨 주길 바랐습니다. 주님은 그 점을 지적하십니다. "이 땅의 왕들은 자신을 자선가라고 부르지만 너희는 그런 자선가가 되어선 안 된다." 오히려 어린 사람, 섬기는 사람이 되라고 말씀하십니다.

예수님의 보호자-수혜자 사상은 그레코-로마의 사상과는 다릅니다. 그레코-로마의 보호자-수혜자 사상은 선행을 장려한다는 본래 취지에서 벗어나 권력을 확대, 유지하는 이데올로기적 수단이 되었습니다. 그러나 주님은 '더 큰 자'와 '다스리는 자'를 '가장 어린 사람'과 '섬기는 자'로 바꾸어 공동체 리더십에 새로운 방향성을 제시하셨습니다. 그레코-로마 시대의 권력가들은 백성들에게 선행을 베풀어 그들의 충성을 보장받고, 자신의 권력을 오래 유지하려 했습니다. 그러나 주님은 당신의 자선 사상을 가지고 이웃 사랑이라는 수평적 차원에서 보호자-수혜자 사상을 완성해 가셨습니다.

신약성경에 보호자-수혜자 사상이 나타나는 것은 맞지만 예수님은 그 사상을 따르지 않습니다. 예수님이 베푸신 은혜는 신세가 아닙니다. 고대 그레코-로마 시대에 나타난 보호자-수혜자 사상으로 하나님의 은혜를 설명하는 것은 성경의 가르침과 맞지 않습니다. 그렇다면 신약에서 하나님의 은혜는 어떤 형태로 드러나는지 몇몇 본문을 통해 살펴보겠습니다.

하나님의 아들을 주신 은혜: 예수 그리스도 이야기

하나님을 본 사람이 있나요? 요한복음 1장 18절을 보면 "본래 하나님을 본 사람이 없으되"라고 나옵니다. 모세가 하나님을 대면했다지만(출 33:11) 그가 본 것은 회막에 내린 구름 기둥이지 하나님의 얼굴이 아닙니다. 실제로 뒤에 가면 "네가 내 얼굴을 보지 못하리니 나를 보고 살 자가 없음이니라"(출 33:20)는 말씀이 나옵니다.

그럼 하나님을 본 사람이 없는 건가요? 주님은 다르게 말씀하십니다. 예수님은 요한복음 14장에서 제자들에게 이렇게 말씀하십니다. "내가 곧 길이요 진리요 생명이니 나로 말미암지 않고는 아버지께로 올 자가 없느니라. 너희가 나를 알았더라면 내 아버지도 알았으리로다. 이제부터는 너희가 그를 알았고 또 보았느니라"(6-7절). 그 말씀을 들은 빌립이 "아버지를 우리에게 보여주옵소서"라고 청합니다. 그러자 예수님은 "나를 본 자는 아버지를 보았거늘 어찌하여 아버지를 보이라 하느냐"(9절)고 대답하십니다.

그럼 모세가 본 것은 무엇이고, 제자들이 본 것은 무엇인가요? 모세가 본 것은 '하나님의 현현'이라 불리는 '나타나심'(잠정적인 모습)이고, 제자들은 하나님이 '육신'을 입고 이 땅에서 사람들과 함께 사는 것을 보았습니다.

구약에서는 감춰져 있던 하나님이 신약에서 드러나셨습니다. 어떻게 드러나셨나요? 아버지의 품속에 있는 아들을 통해 드러나셨습니다. 예수님은 하나님의 품속에 있는 자식입니다. '품속'은 가슴, 심장이라는 의미입니다. 이는 곧 예수님이 하나님의 핵심이란 뜻입니다.

그러니 예수님을 보면 하나님을 알 수 있습니다. 예수님은 어떤 분인가요? "독생하신 하나님"(요 1:18)입니다. 국어

사전에 '독생'이라는 말은 없습니다. 대신 '독생자'[65]라는 말은 있습니다. 그런데 성경에는 '독생'이라는 단어가 나옵니다. 예수님을 가리켜 '독생하신 하나님'이라고 합니다. '독생'이라는 단어는 헬라어로 '모노게네스'입니다. ESV는 이것을 'the only son'이라고 번역합니다. 외아들, 독자라는 뜻입니다. NASB와 NIV에는 '아들'이라는 말이 아예 없습니다. '모노게네스'라는 단어에는 '아들'이라는 의미가 없습니다. 정확히 번역하면 '유일하신 분, 하나님'입니다.

사도신경은 어떨까요? "나는 그의 유일하신 아들, 우리 주 예수 그리스도를 믿습니다." 이 대목에서 '아들'이라는 단어가 나옵니다. 왜 어디에는 '아들'이 나오고, 어디에는 나오지 않을까요? 여기서 알 수 있는 것은 '모노게네스', 즉 독생이라는 단어는 쉽게 번역할 수 없다는 사실입니다. 그럼 다른 곳에서는 이 단어를 어떻게 사용할까요?

성경에 이 단어가 나오는 몇 곳이 있습니다. 야이로의 외동딸(눅 8:42), 나인성 과부의 외아들(눅 7:12), 입다의 외동딸(삿 11:34), 아브라함의 아들 이삭(창 22:12)에게 '모노게네스'를 씁니다. 사람들 사이에서는 '모노게네스'라는 말을 쉽게 쓰는데, 이것을 하나님께 사용할 때는 조심스러워 한다는 걸 알 수 있습니다.

왜 그럴까요? 예를 들어 우리는 자식을 소개할 때, "내 아들이에요"라고 말합니다. 그렇게 소개하는 순간, 상대방에게 아버지는 윗사람, 아들은 아랫사람으로 인식됩니다. 마찬가지로 예수님을 하나님의 아들이라고 말하는 순간, 우리가 보기에 하나님과 예수님 사이에 관계상의 등급이 생깁니다.

그런데 하나님과 예수님의 관계는 어떤가요? "그는 근본 하나님의 본체시나"(빌 2:6). 두 분은 본질적으로 '동등한 분'입니다. 그래서 성경은 '아들'이란 말을 조심스럽게 사용합니다. 하지만 이단들은 그렇지 않습니다. 하나님은 1인자, 예수님은 2인자라고 떠듭니다. 예수님의 성육신을 주로 공격한 이단이 영지주의자들입니다. 그들은 하나님이 더러운 인간의 몸을 입고 오셨을 리 없다고 봅니다. 그래서 예수님의 신성을 부인합니다.

놀랍게도 이단의 공격을 받을 때 기독교 교리가 정립됩니다. 325년에 니케아 공의회에서 삼위일체 교리를 정립하고 '니케아신경'을 발표합니다. 381년에 사도신경이 작성됩니다. 니케아신경은 예수님에 관해 이렇게 말합니다.

우리는 한 분이신 주 예수 그리스도를 믿습니다. 그분은 하나님의 외아들이며, 아버지에게서 나셨고, 곧 아버지의 본질에서 나셨습니다. 하나님에게서 나신 하나님이며, 아버지와 본질에서 같습니다.

예수님이 세례 받으실 때도 마찬가지입니다. 그때 하늘이 열리고, "이는 내 사랑하는 아들이요 내 기뻐하는 자라"(마 3:17)는 말씀이 선포됩니다. 여기서 "내 사랑하는 아들"이라는 말은 "인사해. 내 아들이야" 하는 뉘앙스가 아닙니다. "이 사람은 내 심장에서 꺼낸 나"라는 뜻을 지닙니다. 하나님 자신이 죄인을 구원하기 위해 공생애를 시작하신 것입니다.

그것이 요한복음 1장 18절에서 말하는 바입니다. "본래 하나님을 본 사람이 없으되 아버지 품속에 있는 독생하신 하나님이 나타내셨느니라." 예수님이 곧 하나님이라는 말씀입니다. 그렇게 '하나님이 오신 날'이 성탄절입니다. 요한복음 1장 14절은 이를 가리켜 "말씀이 육신이 되어 우리 가운데 거하셨다"고 표현합니다.

그렇다고 예수님이 2천 년 전에 출생하면서 존재하게 되었다고 생각해서는 안 됩니다. 예수님은 창세 전부터 하나님과 함께 계시다가 우리와 같은 인간의 몸을 입고 이 땅에 오셨습니다. 왜 오셨나요? "우리 가운데 거하시[기]"(요 1:14) 위해서입니다. 그 일을 위해 하나님이 자기 심장과도 같은 주님을 꺼내 우리에게 보내주셨습니다. 그렇게 예수님이 오셨습니다. 하나님이 여자 마리아의 자궁을 통해 오셨습니다.

그럼 누가 대단한 건가요? 마리아가 아니라 하나님입니다. 그런데도 가톨릭교회는 자꾸 사람을 신격화합니다. 마리아가 어떻게 하나님을 담나요? 어떻게 한 여인의 자궁이 우주만물보다 크신 하나님을 담을 수 있나요? 이것은 '은혜'가 아니고서는 설명할 수 없습니다. 요한이 주님의 오심을 한마디로 정리합니다. "우리가 다 그의 충만한 데서 받으니 은혜 위에 은혜러라"(요 1:16).

죄인을 찾아내 구원하시는 은혜: 삭개오 이야기

예수님은 키가 몇이나 되었을까요? 1967년 이탈리아의 줄리오 리치 신부와 D. 마이니 교수는 예수님의 키가 187센티미터라는 연구 보고를 발표했습니다. 그런데 이것은 근거 없는 주장이고, 성경이 뭐라고 말하는지 봐야 합니다. 성경에 예수님의 키를 이야기하는 대목이 한 군데 있습니다. 누가복음 19장 3절입니다. 이 구절에 "키가 작고"라는 말이 나옵니다.

누구한테 하는 말인가요? 대개는 삭개오를 두고 하는 말이라고 봅니다. 하지만 원문을 보면 키가 작다는 말이 삭개오에게 붙는지, 예수님께 붙는지 명확하지 않습니다.[66] 새번역 성경으로 읽어 보겠습니다.

삭개오는 예수가 어떤 사람인지를 보려고 애썼으나, 무리에게 가려서, 예수를 볼 수 없었다. 그가 키가 작기 때문이었다(눅 19:3, 새번역).

구글에서 '예수님 키'를 검색해 보았습니다. 1968년 4월 13일자 중앙일보에 "예수 키는 1미터 62센티"라는 기사가 났습니다.[67] 2002년 12월 26일자 동아일보에는 "예수는 키 153cm, 몸무게 50kg에 고수머리"라는 기사도 났습니다.[68]

BBC 방송에서 고고학자들이 컴퓨터 그래픽을 이용해 예수님의 얼굴을 재현했는데, 그 모습이 프리미어리그 리버풀에서 뛰고 있는 모하메드 살라 선수의 얼굴과 비슷합니다. 예수님은 영화 〈패션 오브 크라이스트〉에서 예수님 역할을 맡은 짐 카비젤같이 얼굴이 희고, 키가 크며, 긴 머리에 푸른 눈을 가진 분이 아니라 키가 작고, 얼굴은 거무스름하고, 짧은 고수머리에 코는 툭 튀어나온 전형적인 유대인에 가까웠을 것입니다. 이사야 53장 2절은 예수님의 모습을 이렇게 묘사합니다.

그는 주 앞에서 자라나기를 연한 순 같고 마른 땅에서 나온 뿌리 같아서 고운 모양도 없고 풍채도 없은즉 우리가 보기에 흠모할 만한 아름다운 것이 없도다.

한마디로 어깨가 떡 벌어지고 늠름한 모습이 아니었습니다. 예수님을 깎아내리려는 게 아닙니다. 여기에 중요한 영적 교훈이 있습니다. 예수님이 이 땅의 낮은 곳에 내려와 밑바닥 인생들 가까이에 계셨다는 것입니다.

구원이 무엇인가요? '하나님의 낮아지심'입니다. 어디까지 낮아지시나요? 우리의 '눈높이'까지입니다. 우리가 예수님과 동시대에 태어나 한자리에 있었다면, 아마 예수님을 내려다봤을지도 모릅니다.

지금 예수님은 예루살렘으로 가고 계십니다. 여리고는 여호수아가 가나안 정복을 할 때 가장 먼저 함락시킨 곳입니다. 하나님은 그때 "여리고 성을 다시 건축하면 저주를 받을 것"이라고 경고하셨습니다. "기초를 쌓을 때 맏아들을 잃고, 문을 세울 때 막내아들을 잃을 것"이라고 하셨습니다(수 6:26). 그런데 여리고가 다시 세워졌습니다. 그럼 주님은 어떻게 해야 하실까요? 그 벌로 자식을 죽여야 합니다. 하지만 멸망받아 마땅한 곳에 예수님이 복음을 전하러 가십니다. 이런 것을 한마디로 '은혜'라고 합니다.

여리고 성에 들어가신 예수님은 삭개오라는 사람을 만납니다. 그는 세리장이고 부자입니다. 그 지역에서 꽤 높은 사람입니다. 그가 키 작은 예수님을 보기 위해 돌무화과나무 위로 올라갑니다. 예수님이 그에게 "속히 내려오라"고 말씀하십니다. 그가 내려오자 사람들이 수군거립니다.

이런 모습은 예수님이 '누구'를 위해 이 땅에 오셨는지 보여줍니다. 누구를 위해 오셨나요? 사람들이 꾸짖고 수군거리는 '병자'와 '죄인'을 위해 오셨습니다(마 9:12). 주님은 죄인이 있는 곳을 그냥 지나치지 않으십니다. 그들에게 찾아가 구원을 베푸십니다. 복음이 무엇인가요? '그분이 오셨다'는 것입니다. 그분이 왜 오셨을까요? 잃어버린 자를 찾기 위해서입니다.

예수님은 나무에서 내려온 삭개오에게 "내가 오늘 네 집에 유하여야 하겠다"(5절)고 이르십니다. 그러자 사람들이 불평합니다. "뭇 사람이 보고 수군거려 이르되 저가 죄인의 집에 유하러 들어갔도다 하더라"(눅 19:7).

사람들은 삭개오를 '죄인'으로 여겼습니다. 그들은 예수님을 '선지자'로 여겼고, 선지자는 '죄인'의 집에 들어가선 안 된다고 생각했습니다. 하지만 주님은 그들의 빈정거림을 개의치 않으십니다. 애초에 그분은 '잃어버린 자', 즉 하나님에게서 분리된 자, 즉 죄인을 찾으러 왔기 때문입니다.

예수님이 삭개오의 집에 들어갑니다. 거기서 잃어버린 자 삭개오를 찾는 일이 시작됩니다. 삭개오뿐 아니라 가족도 함께 찾습니다. 삭개오가 가족을 대표해 일어서서 말합니다. "삭개오가 서서 주께 여짜오되"(눅 19:8). 여기서 '일어서서 말한다'는 것은 공적 혹은 법적 발언을 의미합니다.

> 주여, 보시옵소서. 내 소유의 절반을 가난한 자들에게 주겠사오며 만일 누구의 것을 속여 빼앗은 일이 있으면 네 갑절이나 갚겠나이다(눅 19:8).

주님이 삭개오의 말을 듣고 "오늘 구원이 이 집에 이르렀으니 이 사람도 아브라함의 자손임이로다"라고 말씀하십니다. 주님이 삭개오의 집에 머물겠다고 하신 이유가 여기서 밝혀집니다. 왜 머물겠다고 하셨나요? 오늘이 삭개오와 그의 집이 구원을 받는 날이기 때문입니다.

이처럼 주님은 죄인을 찾아내 구원하십니다. 아무리 꽁꽁 숨어 있어도 키 작은 예수님은 가장 낮은 자리에 있는, 아무도 인정해 주지 않는, 모든 사람이 손가락질하는 '죄인'을 찾아내 그를 구원하십니다. 그래서 은혜입니다. 우리에게 찾아

오신 주님은 키 큰 예수님이 아니라 키 작은 예수님입니다. 키 작은 예수님은 우리의 작은 일까지 세심하게 살피고, 우리의 아픔과 상처까지 보듬어 주시는 분입니다.

나중 된 사람이 먼저 되는 은혜: 포도원 품꾼 이야기

포도원 주인이 포도를 수확하기 위해 아침부터 품꾼을 구합니다. 저잣거리에 나가 "한 데나리온을 줄 테니 와서 일하라"고 청합니다. 모처럼 일자리가 생기자 사람들이 너 나 할 것 없이 일하러 갑니다. 주인이 다시 나가서 보니 아직도 빈둥거리며 노는 자들이 있었습니다. "너희는 왜 종일토록 놀고 여기 서 있느냐?" "우리를 품꾼으로 쓰는 이가 없습니다." 주인은 "너희도 포도원에 들어가라"며 그들에게 일거리를 줍니다.

 품꾼을 더 불러올 때까지만 해도 문제가 없었습니다. 나중에 온 자에게 일당을 지급할 때도 괜찮았습니다. 오히려 그들이 한 데나리온을 받자 그 전에 온 자들은 설레었습니다. 그런데 품삯이 아침부터 일한 사람이나 오후 늦게 온 사람이나 똑같자 아침에 온 사람들은 화가 났습니다. "나중에 온 자들은 한 시간밖에 일을 안 했는데 왜 우리와 같은 금액을 줍니까? 우리는 하루 종일 뙤약볕에서 일하지 않았습니까?"

당연한 항의입니다. 그런데 포도원 주인의 대답이 재미있습니다. "친구여, 내가 네게 잘못한 것이 없다. 네가 나와 한 데나리온의 약속을 하지 않았느냐? 네 것이나 가지고 가라"(마 20:1-16).

비유의 핵심은 돈이 아닙니다. 열심히 일했느냐 일하지 않았느냐도 아닙니다. 핵심은 '하나님 나라의 평등성'입니다. 그 안에 들어온 모든 사람은 차별이 없습니다. 누구나 같은 품삯을 받습니다. 신학 용어로 표현하면, 은혜와 관용이 정의를 가린 것입니다.[69]

하나님은 우리가 일한 만큼 은혜를 베푸시는 분이 아닙니다. 만약 일한 만큼 베푸신다면 우리 중 누구도 풍성한 은혜를 받을 수 없습니다. 하지만 주인은 먼저 온 품꾼이나 나중에 온 품꾼이나 품삯을 똑같이 나누어 줍니다. 나중에 온 품꾼의 입장에서 보면, 주인의 그러한 불공정함 덕분에 그는 하루치 품삯을 제대로 받습니다. 주인의 불공정함이 그에게 큰 은혜가 된 셈입니다.[70]

하나님 나라는 일한 시간이나 양에 달려 있지 않습니다. 주인의 마음은 품삯을 일한 대로 주는 게 아니라 일했으면 주는 것입니다. 이것이 '은혜'입니다. 은혜는 믿는 만큼 베푸시는 게 아니라 믿으면 베푸시는 것입니다. 하나님이 우리를 구원하시는 근거는 '믿는 만큼'이 아니라 '믿으면'입니다. 그런 의미에서 하나님이 계속해서 공정하지 않으시면 좋겠습니다. 이런 불공정함이 우리를 하나님 나라로 이끌기 때문입니다.

직분에 임한 은혜: 바울 이야기

디모데전서는 바울이 디모데에게 보낸 편지입니다. 디모데가 에베소 교회의 목사가 되었습니다. 바울이 그에게 직분의 감격스러움에 대해 말합니다.

> 나를 능하게 하신 그리스도 예수 우리 주께 내가 감사함은 나를 충성되이 여겨 내게 직분을 맡기심이니(딤전 1:12).

'감사'(카린)라는 단어가 문장 중간에 나옵니다. 하지만 원문에는 제일 앞에 나옵니다. 도치법입니다. 거꾸로 배치한다는 뜻입니다. 일반적으로 문장 구조는 주어-목적어-서술어 또는 주어-부사어-서술어 순으로 배열됩니다. 그런데 이 순서가 뒤집혀 있습니다.

왜 뒤집었을까요? 강조하기 위해서입니다. 김소월의 시 〈진달래꽃〉을 보면, "나 보기가 역겨워 가실 때에는 죽어도 아니

눈물 흘리오리다"라는 구절이 있습니다. '눈물 아니 흘리겠다'고 하면 되는데 '아니 눈물 흘리겠다'고 합니다. 강조입니다. 마찬가지로 바울도 도치법을 사용해 직분 받은 것의 감격스러움을 표현합니다. 똑같은 단어가 디모데전서 1장 14절에도 나옵니다. 이번에는 그 단어가 '은혜'(카리스)로 번역됩니다. 감사와 은혜는 같은 말입니다. 감사에는 은혜가 동반되기 때문입니다.

직분을 받는 건 은혜입니다. 은혜를 입은 사람은 감사로 반응합니다. 그래서 바울은 감격하며 은혜로, 감사로 감정을 표현합니다. 무슨 직분을 받았기에 감격스러워하는 걸까요?

> 우리 구주 하나님과 우리의 소망이신 그리스도 예수의 명령을 따라 그리스도 예수의 사도 된 바울은(딤전 1:1).

바울은 사도의 직분을 받았습니다. 그래서 감격스러워하는 걸까요? 아니요. 그는 자신이 받은 직분 때문이 아니라 자기 같은 사람에게도 주님이 직분을 주신 것에 감격합니다.

주님은 어떤 사람에게 직분을 주실까요? 능력 있는 사람, 양을 잘 돌볼 것 같은 사람이 아닙니다. 요한복음 21장을 보면 부활한 주님이 제자들을 찾아오십니다. 예수님이 베드로에게 같은 질문을 세 번 하십니다. "양을 잘 돌볼 수 있는지"를 묻지 않고 "나를 사랑하는지"를 묻습니다. "이번에는 배신하지 않고 내 양을 잘 돌볼 수 있느냐"라고 묻지 않고 "네가 나를 사랑하느냐"라고 묻습니다. 베드로가 주님을 사랑한다고 대답하자 주님은 그에게 양을 맡기십니다.

마태복음 25장에 달란트 비유가 나옵니다. 주인이 세 명의 종에게 각각 다섯 달란트, 세 달란트, 한 달란트를 맡기고 여행을 갑니다. 그중에서 한 달란트를 받은 종이 돌아온 주인에게 책망을 듣습니다. 그 이유는 게을러서 달란트를 땅에 묻었기 때문이 아닙니다. 그가 주인에게 갖고 있는 인식 때문입니다. 그는 주인이 "심지 않은 데서 거두시고, 뿌리지 않은 데서 모으시는 줄"(마 25:24, 새번역) 알았다고 말합니다. 한마디로 악한 자로 여겼다는 것입니다. 주인은 그 말을 듣고 그에게서 한 달란트마저 빼앗아 열 달란트를 맡겼던 종에게 줍니다. 주님은 그런 인식을 갖고 있는 사람에게는 일을 맡기지 않으십니다.

그럼 어떤 사람에게 일을 맡기실까요? 일 잘하는 사람, 양 잘 돌보는 사람, 열심을 내는 사람이 아닙니다. 주님을 사랑하는 사람입니다. 따라서 직분을 받는다는 건 은혜입니다. 그러므로 일이 아니라 주님을 사랑하는 데 몰두해야 합니다.

예수님뿐인 교회, 예수님밖에 모르는 성도, 그들이 직분을 받고 잘 감당해야 합니다.

∵ 신약에서 '은혜'를 뜻하는 단어 – 카리스

신약성경에서 은혜의 의미로 가장 많이 사용되는 단어는 '카리스'입니다. 카리스는 하나님이 값없이 주시는 모든 좋은 것을 가리킵니다(약 1:17). 그중에서 특히 그리스도 안에서 베풀어 주시는 구원과 영생이 핵심입니다.[1] "너희는 그 은혜에 의하여 믿음으로 말미암아 구원을 받았으니 이것은 너희에게서 난 것이 아니요 하나님의 선물이라"(엡 2:8). 이것은 구원과 관련된 은혜입니다. 하나님이 베푸신 구원이 우리의 업적이나 공로가 아니라 오직 그분의 은혜로만 가능하다는 뜻입니다.[2]

'카리스'는 사람들에게 도움을 줄 때도 사용됩니다. 예를 들어, 고린도후서 8장 6-7절은 고린도 교회가 예루살렘 교회를 위해 헌금하는 이야기입니다. 바울은 그 헌금을 '하나님이 주신 은혜'라고 말합니다. 은혜는 하나님에게서 내게로, 내게서 다른 사람에게로 흘러 갑니다. 때로 하나님의 은혜는 우리가 가난한 사람을 돕는 일을 통해서도 나타납니다.

'카리스'는 인사와 축도에서도 찾아볼 수 있습니다.[3] 바울은 각 교회에 편지를 쓸 때 "Grace to you" 하고 인사하며 시작합니다. 편지를 마칠 때는 "Grace with you"라는 인사로 끝냅니다. 하나님의 은혜가 처음과 끝에서 그의 메시지를 감싸고 있습니다.

소그룹을 위한 질문

1. 오늘날 우리가 사용하는 '은혜'라는 용어는 초기 기독교 공동체가 사용한 것과 의미가 같을까요? 초기 교회에 사회의 은혜 개념이 어떻게 흘러들었고, 교회는 그것을 어떻게 발전시켰는지 나누어 보십시오.

2. 신약에 나타난 은혜의 특징은 무엇입니까? 구약이 특정 민족, 율법과 제사를 통한 은혜를 강조한다면, 신약은 모든 인류, 예수 그리스도와 믿음을 통한 은혜를 강조합니다. 둘의 공통점과 차이점을 이야기해 보십시오.

3. 포도원 품꾼의 비유에 나타난 은혜의 핵심은 무엇입니까? 하나님의 불공정함은 우리에게 어떻게 은혜가 되었나요?

4. 주님은 누구에게 직분을 나누어 주십니까? 직분을 받은 사람이 가장 잘해야 하는 일은 무엇입니까?

4
은혜를 어떻게 누리는가?

하나님이 베푸시는 은혜를 누리려면 어떻게 해야 할까요? 웨스트민스터 대교리문답은 하나님의 은혜를 받는 세 가지 통로에 대해 언급하고 있습니다. 그것을 은혜의 수단이라고 부릅니다. 웨스트민스터 대교리문답 153문답은 먼저 우리에게 은혜의 수단이 필요한 이유를 다음과 같이 밝힙니다.

> 문: 우리가 율법을 어기므로 마땅히 받아야 할 하나님의 진노와 저주를 피하도록 하나님께서 우리에게 요구하시는 것은 무엇입니까?

답: 우리가 율법을 어기므로 마땅히 받아야 할 하나님의 진노와 저주를 피하도록 하나님께서 우리에게 요구하시는 것은, 하나님께 대한 회개와 우리 주 예수 그리스도께 대한 믿음과 그리스도께서 우리에게 자신의 중보의 혜택들을 전하는 데 사용하시는 외적 수단들을 부지런히 사용하는 것입니다.[71]

우리가 하나님의 진노와 저주를 피하려면 '회개'하고 '믿어야' 한다고 말합니다. 그리고 그리스도가 중보하심으로 획득한 구속 및 그 밖의 혜택을 우리에게 전하려고 마련한 외적 수단이 있으니 그 수단을 부지런히 사용하라고 권합니다.

그렇다면 은혜의 수단에는 무엇이 있나요? 웨스트민스터 대교리문답 154문답은 은혜의 수단을 세 가지로 말합니다.

문: 그리스도께서 자신의 중보의 혜택들을 전하는 데 사용하시는 외적 수단은 무엇입니까?
답: 그리스도께서 자신의 중보의 혜택들을 전하는 데 사용하시는 외적이고 일반적인 수단은, 그리스도께서 세우신 모든 규례들인데, 특히 말씀과 성례와 기도가 그러합니다. 이 모두가 택하신 자들을 구원하는 데 효과적인 수단입니다.[72]

이처럼 은혜의 수단은 말씀과 성례와 기도입니다. 하나님은 이것을 통해 신자들을 돌보고 바르게 자라게 하십니다.

말씀

하나님은 우리를 말씀으로 가르치십니다. 헤르만 바빙크는 "하나님은 항상 말씀 뒤에 서 있다"[73]라고 말합니다. 말씀을 은혜의 수단이라고 할 때, 그것은 두 가지 의미를 갖습니다. 첫째는 기록된 하나님의 말씀, 즉 하나님의 영감으로 된 구약 및 신약 성경이고, 둘째는 전파되는 말씀, 즉 설교입니다.

성경 자체가 은혜의 수단입니다. 성경에는 율법과 복음이 담겨 있습니다. 율법은 성경에서 명령이나 금령 형식으로 나타난 하나님의 말씀입니다. 복음은 그리스도의 화목 사역과 관계되는 하나님의 말씀입니다. 율법은 죄를 깨닫게 하고, 복음은 그리스도 안에 있는 구원의 길로 나아가게 합니다(갈 3:24).

설교 역시 은혜의 수단입니다. 설교는 본질적으로 복음입니다. 설교는 사람의 말이 아니라 하나님의 말씀입니다(살전 2:13).[74] 설교는 하나님의 살아 있는 말씀을 전한다는 점에서 은혜의 수단이 됩니다.

하지만 잊지 말아야 할 게 있습니다. 성경을 읽거나 설교를 들을 때는 성령이 역사해야 합니다. 칼뱅은 성령의 교육이 없으면 설교도 무익하다고 말합니다.[75] 따라서 성경을 읽을 때 성령이 깨닫게 해주시길 사모하며 읽어야 합니다.

설교를 들을 때도 마찬가지입니다. 설교는 지혜의 권함이 아니라 성령의 나타나심과 하나님의 능력에 기초하여 전달하는 메시지입니다(고전 2:4).[76] 따라서 설교를 들을 때 성령에 의지하며 간절한 마음으로 들어야 합니다.

성경과 설교 외에 성경공부나 이에 준하는 교육도 은혜의 방편으로 볼 수 있습니다. 이때 바른 신학과 바른 신앙을 가진 이와 함께해야 한다는 점을 주의하십시오. 지금도 여전히 하나님의 은혜를 가로막는 마귀의 역사가 있음을 기억해야 합니다(벧전 5:8).

성례

성례는 그리스도가 제정하신 거룩한 의식을 뜻합니다.[77] 아우구스티누스는 "성례란 보이지 않는 은혜의 가시적 표지"라고 말합니다. 칼뱅은 "성례란 하나님의 구원 약속을 알려주는 표지이며 봉인"이라고 말합니다. 성례에는 세례와 성찬 두 가지가 있습니다.[78]

세례

세례는 보이는 복음입니다. '세례'라는 단어는 헬라어 '밥티조'에서 유래했습니다. 이것은 무엇인가를 물에 씻거나 담그는 것을 말합니다.[79] 웨스트민스터 대교리문답 165문답은 세례에 대해 이렇게 말합니다.

> 문: 세례는 무엇입니까?
> 답: 세례는 성부와 성자와 성령의 이름으로 물로 씻는 성례로, 우리가 그리스도에게 접붙임 받는 것과 은혜 언약의 혜택에 참여하는 것, 주님의 것이 되기로 약속하는 것을 상징하고 인치는 것입니다.[80]

세례는 구약의 할례입니다.[81] 할례는 은혜의 표시였습니다. 하나님이 요단강을 건너는 이스라엘 백성들에게 지파별로 돌을 하나씩 주워 길갈에 기념비를 세우라고 명하십니다. 하나님이 너희를 여기까지 인도했음을 잊지 말라는 뜻입니다. 하지만 시간이 지나고 모든 지파가 흩어져 살게 되면 그 은혜를 잊을 게 분명합니다. 그래서 하나님은 백성들이 영원히 잊지 못할 기념비를 몸에 새기게 합니다. 바로 할례입니다. 백성들은 그 표시를 볼 때마다 '죽을 목숨이었던 내가 하나님의 은혜로 살았지. 내가 지금까지 살아 있는 게 하나님의 은혜지'라는 생각이 들었을 것입니다.

세례도 마찬가지입니다. 세례를 받는 사람은 하나님이 펼치신 은혜의 우산 아래 놓입니다.[82] 세례에는 두 가지 의미가 있습니다. 첫째, 세례는 하나님과 나 사이에 맺은 언약의 표징입니다. 이것은 철저히 하나님과 나 사이의 개인적인 사건입니다. 하나님은 내 머리 위에 물을 부으며 그것을 사랑에 대한 표시로 남기셨습니다. 우리는 누가 세례를 받고 하나님의 백성이 되었는지 모르지만 당사자는 압니다. 하나님과 개인적으로 깊은 관계를 유지해야 합니다.

둘째, 세례는 내 몸에 새긴 은혜의 기념비입니다. 하나님이 오늘까지 나를 어떻게 인도하셨는지 잊지 말아야 합니다. 매일 아침 물로 머리를 감을 때마다 하나님께 받은 은혜를 생각해 보십시오. 몸이 물에 잠길 때마다 내가 하나님의 은혜에 푹 잠겼던 때를 기억해 보십시오.

하나님은 한 번도 우리를 그분의 은혜 밖으로 몰아내신 적이 없습니다. 그 은혜 안에 살면서 은혜를 기억하지 못하는 것만큼 괘씸한 일도 없을 것입니다. 지금까지 인도하신 하나님의 은혜를 기억하고, 내 몸에 흔적으로 남겨둔 은혜의 조각들이 있다면 영원히 기념하고 감사하며 살아야 합니다.

성찬

세례가 보이는 복음이라면 성찬은 보이는 말씀입니다. 웨스트민스터 대교리문답 168문답은 성찬을 이렇게 말합니다.

> 문: 성찬(주의 만찬)은 무엇입니까?
>
> 답: 성찬은 그리스도께서 명하신 대로 떡과 포도주를 주고받음으로 그의 죽으심을 보여주는 신약의 성례로, 성찬을 합당하게 받는 사람들은 그리스도의 몸과 피를 먹고 마심으로 영적 양식을 공급받고 은혜 안에서 자라게 되며, 그리스도와의 연합과 교제가 확고해집니다. 성찬은 하나님께 대한 감사와 약속을, 신비롭게 한 몸의 지체가 된 그들이 서로 사랑하고 교제함을 통해 입증하고 새롭게 하는 것입니다.[83]

성찬식은 주님이 십자가에서 돌아가시기 전날 밤, 열두 제자에게 자신의 몸과 피를 상징하는 떡과 포도주를 나누어 주신 데서 유래한 의식입니다. 이스라엘이 1,500년 동안 지켜온 유월절 식사를 예수님이 십자가를 지기 전날 밤 성찬식으로 바꾸셨습니다.

유월절은 말 그대로 '넘어가다'라는 뜻입니다. 애굽에 내린 마지막 재앙은 애굽뿐 아니라 이스라엘에도 내리는 재앙이었습니다. 하나님은 마지막 재앙에 앞서 "이스라엘 각 가정에 장자를 대신할 어린 양을 잡으라"고 명하십니다. 이스라엘의 각 가정에서 1년 된 어린 양을 잡았습니다. 그리고 어린 양의 피를 문설주와 인방에 발랐습니다.

그날 밤 집집마다 큰아들이 죽든지, 어린 양이 죽든지 안 죽은 집은 하나도 없었습니다. 둘 중 하나는 죽어야 넘어가는 재앙이었습니다. 어린 양의 피라는 대속물 아래 숨지 않은 집의 큰아들은 죽었습니다. 하지만 대속물의 '피' 아래 숨은 집에서는 '죽음이 넘어가' 구원을 받았습니다. 이것이 '대속'의 은혜, '대신'의 은혜입니다. 이것을 기념하는 날이 유월절입니다. 이스라엘은 매년 정월 14일 해가 지면 이 유월절을 지켰습니다.

이스라엘이 출애굽한 지 1년이 되었을 때, 하나님은 '이날을 기념하라'고 이르십니다. 그래서 '이날'은 이스라엘에게 가장 중요한 날이었습니다. 그들은 '유월절을 정한 기일에' 지켜야 했습니다. 그런데 주님이 십자가를 지기 전날 밤, 유월절을 앞두고 '이날'이 아니라 '나를 기념하라'고 말씀하십니다.

너무 갑작스런 일처럼 보입니다. 어떻게 하루 아침에 이런 일이 있을 수 있나요? 사실 이것은 하루 아침에 일어난 일이 아닙니다. 예수님은 제자들과 함께 유월절 식사를 하길 원하고 또 원하셨습니다. 돌이켜보면 1,500년 전의 유월절은 그 자체가 목적이 아니었습니다. '이날을 기념하라'고 명하신 하나님은 '이날'의 주인이 누구인지 알려주고 싶으셨던 것입니다. 그래서 주님은 그토록 제자들과 함께 유월절 식사를 하길 원하셨습니다.

기독교 역사를 보면, 초대 교회 성도들은 식인종이란 누명을 쓰고 많은 박해를 받았습니다. 그들이 떡을 '그리스도의 몸'이라 하고, 포도주를 '그리스도의 피'라고 하는 소리를 듣고는 사람들은 '이들이 날마다 모여 사람을 잡아먹는다'고 오해했습니다. 그래서 그들을 잡아넣으며 '저들은 근친상간을 하고 식인종같이 인육을 먹으며 사회 기강을 저해하는 불법 집단'이라고 몰아세웠습니다.

진짜로 그런가요? 우리가 먹는 '떡과 포도주'가 진짜 예수님의 살과 피인가요? 아닙니다. 주님은 그것을 먹고 마실 때마다 '나를 기념하라'고 하셨습니다. 떡과 포도주는 이스라엘에서 가장 흔한 음식이었습니다. 주님은 제자들이 쉽게 기억하고 기념할 수 있도록 가장 흔한 것을 사용하셨습니다. 예수님은 제자들과 최후의 만찬을 들 때 이렇게 말씀하십니다.

그들이 먹을 때에 예수께서 떡을 가지사 축복하시고 떼어 제자들에게 주시며 이르시되 받으라 이것은 내 몸이니라 하시고 또 잔을 가지사 감사 기도하시고 그들에게 주시니 다 이를 마시매 이르시되 이것은 많은 사람을 위하여 흘리는 나의 피 곧 언약의 피니라 진실로 너희에게 이르노니 내가 포도나무에서 난 것을 하나님 나라에서 새 것으로 마시는 날까지 다시 마시지 아니하리라 하시니라(막 14:22-25).

이것은 예수님의 돌출행동이었습니다. 제자들은 그동안 수없이 유월절 만찬에 참석했지만 이런 말씀은 처음 들었습니다. 주님은 떡을 보여주면서 이것은 "우리 조상들이 광야에서 먹었던 고난의 떡"이라 하지 않고 "내 몸"이라고 말씀하셨습니다. 그 말을 듣고 제자들이 얼마나 놀랐을까요? "이것이 주님 몸이라고?" 주님은 유월절 어린 양의 몸을 먹는 것처럼 당신의 몸을 받아 먹으라고 하셨습니다.

이번에는 잔을 가지고 "이것을 받아 마셔라. 이것은 나의 피, 곧 언약의 피니라"고 말씀하셨습니다. 그동안 유월절의 피는 '바르는' 피였습니다. 그런데 이제 '바르는 것'에서 '마시는 것'으로 바뀌었습니다. 짐승의 피와 그분의 피가 다름을 말씀하시는 것입니다.

구약성경에서는 피를 마시지 말라고 했습니다. 생명이 하나님께 있기 때문입니다. 하지만 주님은 내 피를 받아 마시라고 합니다. 내 영원한 생명을 너희에게 주겠다는 뜻입니다. 주님은 자신의 피로 우리와 새 언약을 맺으십니다.

새 언약을 맺은 자의 특권이 무엇인가요? 유월절 어린 양의 피가 이스라엘을 약속의 땅까지 인도했다면, 예수님은 자신의 피를 통해 우리를 하나님 나라까지 인도해 주겠다고 말씀하십니다. 그 약속이 마가복음 14장 25절에 나옵니다.

내가 포도나무에서 난 것을 하나님 나라에서 새 것으로 마시는 날까지 다시 마시지 아니하리라.

여기서 '~할 때까지 ~하지 않겠다'는 것은 맹세를 뜻합니다. 예를 들어, 사도행전 23장을 보면 40명의 자객이 바울을 죽이기까지 먹지도 마시지도 않겠다고 맹세합니다. 이것은 '목숨 걸고 이 맹세만큼은 꼭 지키겠다'는 뜻입니다. 그만큼 진지한 맹세였습니다. 이런 맹세는 주로 '피'로 합니다. 어떤 사람들은 피로 맹세할 때, 짐승을 죽여 반으로 쪼갠 뒤 그 사이를 지나갔습니다. 어떤 사람들은 피를 자신에게 뿌리며 맹세했습니다. "만약 이 약속을 지키지 않으면 내가 반으로 쪼개지고 피를 쏟아도 좋다"는 뜻입니다. 주님이 지금 그런 약속을 하십니다. "내가 목숨을 걸고 너희를 아버지 집으로 인도해 내겠다"는 것입니다(요 6:54-56). 그것이 우리가 참여하는 성찬식에 담긴 주님의 약속입니다.

성찬식이 있기 전까지는 유월절을 지키기가 여간 복잡하지 않았습니다. 날짜, 장소, 예물을 준비하여 그날 그 장소에 정한 예물을 가지고 나가야 했습니다. 하지만 이제는 '떡과 포도주'만 있으면 '예수님의 죽음'을 기념할 수 있습니다. 장소와 시간이 정해져 있지 않습니다. 우리는 언제 어디서든 주님의 성찬에 참여할 수 있게 되었습니다. 그런데 이런 간소함이 우리를 더 타락으로 이끌 때가 있습니다. 종교개혁 때 형식적이고 의식적인 걸 다 잘라냈는데, 오늘날 우리의 성찬식은 오히려 형식과 의식만 남아 버렸습니다. 그 어느 때보다 성찬의 회복이 필요합니다.

기도

기도는 하나님과의 대화입니다. 마르틴 루터는 기도에 대해 "제화공이 신을 만들고 재단사가 옷을 만드는 것처럼 그리스도인은 기도가 매일의 직업"[84]이라고 말합니다. 장 칼뱅은 "기도는 믿음의 가장 중요한 훈련이며, 우리는 날마다 이것을 통해 은혜를 받는다"[85]고 말합니다. 웨스트민스터 대교리문답 178문답은 기도에 대해 이렇게 말합니다.

> 문: 기도는 무엇입니까?
> 답: 기도는 우리의 소원을 하나님께 아뢰되 그리스도의 이름으로 성령님의 도우심을 받아 아뢰는 것으로, 우리의 죄를 고백하고 하나님의 자비하심에 감사하면서 하는 것입니다.[86]

기도는 하나님을 위한 것이 아니라 우리를 위한 것입니다. 하나님은 우리가 그분 앞에 나아가 소원을 아뢰길 기뻐하십니다. 그것은 우리가 바라는 모든 것이 하나님에게서 오는 걸 인정하는 일이기 때문입니다.[87] 우리의 기도는 과연 응답될까요?

요한계시록 5장은 기도가 헛되지 않음을 보여줍니다. 하나님의 보좌 주변에 네 생물이 있고, 그 주위에 이십사 장로들이 있습니다. 그들이 예수님 앞에 엎드려 있는데, 각자 향이 가득한 금 대접을 가지고 있습니다. 이 향이 '성도들의 기도'라고 말합니다. 우리가 드린 기도가 금 대접에 담긴 것입니다.

요한계시록 8장을 보면, 천사가 금 향로를 들고 제단 앞에 섭니다. 제단은 제물을 죽여서 불로 태우는 곳입니다. 이것이 하늘에도 있습니다. 그럼 하늘 제단의 제물은 누구인가요? 예수님입니다. 그 제단 아래를 보니 예수님을 따르느라 핍박당하고 순교한 일곱 교회 성도들이 있습니다. 그들이 "우리 피를 갚아 달라"고 기도하고 있습니다. 그 옆에 천사가 금 향로를 들고 있습니다. 향로는 제단에서 불을 담아 향을 피우는 그릇입니다. 거기에 '많은 향'을 담았다고 합니다. '향'은 '기도'를 상징합니다. 그들의 기도가 거기에 담긴 것입니다.

이처럼 우리의 기도는 땅에 떨어지지 않습니다. 우리가 드린 기도의 대부분은 하늘나라에서 잡동사니 우편물 취급을 받지 않습니다. 그래서 주님은 누가복음 18장 1절에서 "항상 기도하고 낙심하지 말라"고 이르십니다. 우리의 기도가 하늘에 쌓이기 때문입니다.

누가복음 18장은 17장의 질문에 대한 대답입니다. 바리새인들이 물었습니다. "하나님의 나라가 어느 때에 임하나이까?" 예수님은 "곧 온다", "도둑같이 온다"고 대답하셨습니다. 승천하면서도 "내가 속히 오리라"고 말씀하셨습니다. 그 말을 믿고 결혼도 하지 않고 주님을 기다린 사람들이 있었습니다. 하지만 주님은 (누가복음을 기준으로) 50년이 지나도록 오지 않으십니다. 로마의 압제는 갈수록 심해집니다. 도미티아누스 황제는 자기가 하나님이라며 자기 신상을 만들고, 그 신상에 절하지 않는 자는 섬으로 유배를 보내거나 화형을 시켰습니다. 이제 성도들이 지치기 시작합니다. 언제 붙잡혀 죽을지, 도대체 주님은 언제 다시 오시는지, 기도해서 뭐하는지, 이 기도가 응답되기나 하는 건지….

그래서 요한이 우리의 기도가 어떻게 응답되는지 설명합니다. 한마디로 "내가 천국에 가보니 우리의 기도가 하나도 땅에 떨어지지 않고, 하나님 앞으로 올라가고 있더라"는 것입니다.

그 기도가 어떻게 응답됩니까? 요한계시록 8장 4절을 보면 제단에서 연기가 납니다. 제단에 불이 붙었다는 뜻입니다. 천사가 향로에 제단의 불을 담습니다. 그리고 땅에 쏟아 붓습니다. 그러자 "천둥과 번개와 지진"이 일어납니다. 기도에 대한 응답입니다. 6장에서 순교자들이 제단 아래서 "우리 피를 갚아 주소서" 하고 기도한 것에 대한 하나님의 응답입니다. 그때부터 일곱 나팔 재앙이 시작됩니다.

하나님은 순교자들의 기도에 응답하듯이 우리의 기도에도 응답하십니다. 우리가 기도하면 하나님은 듣고 응답하십니다.

하이델베르크 요리문답 제116문답은 기도가 필요한 이유를 이렇게 말합니다.

문: 그리스도인에게 왜 기도가 필요합니까?
답: 기도는 하나님께서 우리에게 요구하시는 감사의 가장 중요한 부분이며, 또한 하나님께서는 그의 은혜와 성령을 오직 탄식하는 마음으로 쉬지 않고 구하고 그것에 대해 감사하는 사람에게만 주시기 때문입니다.

우리는 기도를 통해 은혜를 체험하고 열매를 얻습니다. 참된 신자는 영적 견고함을 유지하기 위해 쉬지 않고 기도합니다(살전 5:17).

소그룹을 위한 질문

1. 은혜는 누가 누릴 수 있습니까? 하나님의 은혜를 받는 중요한 수단에는 무엇이 있습니까?

2. 예수님을 믿으면 구원을 받습니다. 믿음이 열쇠입니다. 믿음은 말씀을 들을 때 생깁니다. 실제로 성경을 읽고, 설교를 들을 때 은혜를 누리고 있습니까?

3. 말씀과 달리 성례를 통해 믿음이 생기진 않지만, 성례는 우리의 믿음을 굳게 유지하는 데 도움이 됩니다. 간혹 세례나 성찬의 의미를 잘 모르고 참석하는 사람이 있습니다. 그럼에도 성례가 은혜의 수단이 되는 이유는 무엇입니까?

4. 신앙생활에서 기도가 가장 쉬워 보이지만 결코 그렇지 않습니다. 기도가 은혜의 수단인 이유는 무엇입니까? 기도를 통해 누리고 있는 은혜가 있다면 나누어 보십시오.

5
은혜 받은 자의 삶

사람이 염치가 있어야지

그레코-로마 시대의 사회는 수직적 구조였습니다. 보호자는 은혜를 베풀고 수혜자는 감사와 충성을 바쳤습니다. 그런데 여기에 중요한 원리가 있었습니다. 대가를 바라며 은혜를 베풀어서는 안 된다는 것입니다. 하지만 그것은 잘 지켜지지 않았습니다. 이소크라테스, 벤 시라, 키케로, 세네카 등이 공통되게 전하는 충고가 있습니다. 그들은 은혜를 받는 사람이 어떤 자인지 알아보라고 합니다. 그가 과거에 다른 보호자에게 은혜를 받은 후 어떻게 반응했는지 살펴본 다음 은혜를 베풀라는 것입니다. 세네카는 "감사할 줄 모르는 자에게 주는 선물은 '낭비'다"라고 말합니다. 이소크라테스는 "은혜를 모르는 사람에게 은혜를 베푸는 행동을 해서는 안 된다"고 조언합니다. 은혜를 모르는 사람은 신과 인류와 궁극적으로 자기 자신에게 죄를 짓는 것이라고 보기 때문입니다.[88]

사실 은혜-보답의 개념은 충돌하지 않습니다. 특히 고대 사회에서 은혜는 결코 획득하는 것이 아니었습니다. 일단 보호자가 호의를 드러내 선물을 주면 수혜자는 언제나 감사를 표현하거나 보답해야 했습니다. 어떻게 보답했을까요? 보호자가 베푼 은혜와 동등한 가치가 있는 것을 주는 건 아닙니다. 수혜자는 보호자보다 사회적으로 열등하기에 선물을 되갚을 능력이 없었습니다. 그럼 무엇으로 갚았을까요? 자신들이 할 수 있는 최선의 존경과 감사를 표현함으로써 갚았습니다. 세네카는 수혜자가 보호자에게 했던 감사를 이렇게 표현합니다.

> 나는 당신에게 갚을 능력이 없습니다. 하지만 적어도 나는 모든 곳에서 내가 당신에게 갚을 수 없음을 선언하는 일을 자제하지 않을 것입니다.[89]

이처럼 은혜를 베푼 이에게 감사하는 사람을 덕이 있는 자로 여겼습니다. 그뿐만 아니라 은혜를 받은 사람은 계속해서 "나는 당신에게 은혜를 받았습니다.", "나는 여전히 빚을 지고 있습니다"라고 말해야 했습니다. 벤 시라(외경 집회서의 저자)는 이렇게 은혜에 보답할 줄 아는 사람은 미래에 도움이 필요할 때 도움을 얻는 데 결코 실패하지 않을 것이라고 말합니다.[90]

그레코-로마 시대의 은혜-보답의 개념은 역설적입니다. 은혜가 아무런 대가 없이 주어지는 것이라면 은혜에 대한 반응 역시 그러해야 합니다. 하지만 그들은 은혜를 베풀 때 대가를 바라면 안 된다고 하면서 막상 상대방이 은혜에 아무 반응도 하지 않으면 배은망덕하고 염치 없는 자로 낙인을 찍었습니다. 보호자와 수혜자가 각각 가져야 할 마음가짐이 있다고 생각했기 때문입니다. 보호자는 은혜를 베풀 때 보답을 기대해서는 안 됩니다. 수혜자는 은혜를 받을 때 감사하는 마음을 가져야 합니다. 둘 중 하나만 어그러져도 둘의 관계는 지속될 수 없습니다.

은혜에 대한 반응

성경의 가르침은 어떤가요? 은혜 받은 사람은 어떻게 해야 합니까? 두 가지 면에서 차이가 납니다. 첫째, 그레코-로마 시대의 수혜자는 보호자에게 감사와 충성을 다해야 했습니다. 그런데 성경은 감사와 충성을 넘어 그리스도 안에서 변화된 삶을 살라고 말합니다.

> 너희는 이 세대를 본받지 말고 오직 마음을 새롭게 함으로 변화를 받아 하나님의 선하시고 기뻐하시고 온전하신 뜻이 무엇인지 분별하도록 하라(롬 12:2).

여기서 "이 세대를 본받지 말라"는 말은 세상이 너희를 틀에 가두도록 내버려두지 말라는 뜻입니다.⁹¹ "마음을 새롭게 함으로 변화를 받으라"는 말은 한마디로 '변신하라'는 뜻입니다. 같은 동사가 마태복음 17장 1-2절과 마가복음 9장 2절에서 쓰였습니다. 이 구절들은 예수님이 변화산에서 변형되신 장면을 담고 있습니다. 또 한 군데에서 사용되었는데 고린도후서 3장 18절입니다. 이 구절에서는 신자들이 성령으로 말미암아 영광에서 영광에 이르기까지 그리스도의 형상으로 변화되는 것에 대해 말합니다.[92] 은혜 받은 사람은 감사와 충성에 머물지 말고 완전한 변화를 이루어야 한다는 뜻입니다. 그것이 하나님의 선하시고 기뻐하시고 온전하신 뜻입니다.

둘째, 그레코-로마 시대의 수혜자들은 자신의 노력으로 은혜를 받았고, 여기에 중재자의 역할이 꼭 필요하진 않았습니다. 하지만 성경을 보면 인간은 하나님의 구원 사건에서 값없이 은혜를 받습니다. 하나님의 은혜는 모든 사람에게 주어지지만 수혜자가 되려면, 즉 그분의 가족이 되려면 그리스도의 중재가 꼭 필요합니다. 사도행전 10장 38절을 보면, 예수님이 우리의 중재자가 되어 하신 일이 나옵니다.

하나님이 나사렛 예수에게 성령과 능력을 기름 붓듯 하셨으매 그가 두루 다니시며 선한 일을 행하시고 마귀에게 눌린 모든 사람을 고치셨으니 이는 하나님이 함께하셨음이라.

이 말씀에 예수님의 활동을 특징 짓는 동사 하나가 나옵니다. '선한 일을 행하다'라는 동사입니다. 이 동사는 '후원자'를 나타내는 헬라어 명사(euergetes)의 동사형입니다. 곧 치유를 포함한 예수님의 사역이 많은 이들에게 혜택이 되고 유용했다는 것입니다. 물론 중재자 사역의 절정은 인류를 죄악에서 구원하기 위해 자신을 십자가에 내어 주신 자발적인 죽음입니다(마 1:21, 요 1:29, 고전 15:3, 고후 5:21, 갈 1:4, 골 1:19-20, 히 2:14-15, 벧전 3:18). 그 결과 모든 믿는 자가 구원과 영생을 소유하는 최고의 수혜를 입게 되었습니다. 예수님의 이런 행동은 친구를 구하기 위해 스스로를 위험에 빠뜨린 보호자-수혜자의 모습을 보여줍니다.[93]

이처럼 우리가 받은 은혜는 세상이 받은 은혜와 차원이 다릅니다. 물론 은혜 받은 사람의 반응도 다릅니다. 그레코-로마 시대에 은혜를 받은 자는 은혜를 베풀어 준 자에게 감사와 충성을 다했습니다. 하지만 우리는 그것을 뛰어넘습니다. 그럼 어디까지 이를까요?

다윗이 압살롬의 반역을 물리친 후 시편 116편을 씁니다.[94] 핵심 구절은 12절입니다.

> 내게 주신 모든 은혜를 내가 여호와께 무엇으로 보답할까(시 116:12).

다윗은 늙고 힘이 없었습니다. 그는 아들의 반역에 대항하지 않고 도망하는 길을 택했습니다. 하지만 하나님이 그의 왕위를 보존해 주십니다. 다윗은 다시 한 번 하나님의 큰 은혜를 입습니다. 하지만 아무리 생각해도 그 큰 은혜에 보답할 길이 없습니다. 하나님이 주신 은혜는 가치를 매길 수 없기 때문입니다.

실제로 어떤 것으로도 하나님께 보상해 드릴 수 없습니다. 하나님은 어떤 보상도 기대하지 않으십니다. 그래서 다윗이 선택한 것이 '찬양'입니다. 그는 구원의 잔을 높이 들고 여호와의 이름을 부릅니다(시 116:13). 그리고 모든 백성 앞에서 '서원'을 갚겠다고 말합니다(시 116:14). 서원은 하나님에 대한 헌신을 뜻합니다. 찬양과 서원, 이 두 가지는 그레코-로마 시대 사람들이 보호자에게 했던 감사와 충성과 같습니다. 하지만 다윗은 이것을 넘어서는 한 가지 행동을 합니다. 그는 죽음 이후의 영생을 바라봅니다.

> 그의 경건한 자들의 죽음은 여호와께서 보시기에 귀중한 것이로다(시 116:15).

이 땅의 수혜자들은 보호자에게 아무리 큰 은혜를 입었어도 생명을 맡기지는 않습니다. 하지만 하나님의 은혜를 입은 사람들은 그분께 자신의 생명을 맡깁니다(눅 23:46, 행 7:59). 자신의 생명을 맡긴 사람들마다 주인을 위해 살아갑니다. 바울의 고백을 들어 보십시오.

> 그러나 내가 나 된 것은 하나님의 은혜로 된 것이니 내게 주신 그의 은혜가 헛되지 아니하여 내가 모든 사도보다 더 많이 수고하였으나 내가 한 것이 아니요 오직 나와 함께하신 하나님의 은혜로라(고전 15:10).

> 내가 달려갈 길과 주 예수께 받은 사명 곧 하나님의 은혜의 복음을 증언하는 일을 마치려 함에는 나의 생명조차 조금도 귀한 것으로 여기지 아니하노라(행 20:24).

> 나는 선한 싸움을 싸우고 나의 달려갈 길을 마치고 믿음을 지켰으니 이제 후로는 나를 위하여 의의 면류관이 예비되었으므로 주 곧 의로우신 재판장이 그날에 내게 주실 것이며 내게만 아니라 주의 나타나심을 사모하는 모든 자에게도니라(딤후 4:7-8).

✱✱ "은혜와 평강이 있을지어다"

'은혜'(카리스)와 '평강'(에이레네)은 바울의 문안 인사에 전형적으로 등장하는 용어입니다.[1] 은혜는 천사나 사도에게서 나오는 게 아니라 하나님, 예수 그리스도에게서 나오는 것이므로[2] 바울이 이를 청원하는 것입니다.

학자들은 바울이 왜 인사에 '평강'이란 단어를 넣었는지 관심을 갖습니다. 은혜는 일반적으로 '문안하다'라는 뜻으로 사용되었지만 평강, 히브리어로 샬롬(shalom)은 유대식 인사법이기 때문입니다. 혹자는 바울이 의도적으로 헬라식 인사와 유대식 인사를 합쳐 기독교식 인사를 만들어냈다고 합니다.[3] 정말 그랬는지는 알 수 없습니다.

이런 논의를 하는 것은 은혜와 평강이 전혀 다른 의미를 갖고 있기 때문입니다. 은혜는 죄인들을 향한 하나님의 자비로우신 호의를 뜻하고, 평강은 죄인이 하나님과 화해한 상태를 뜻합니다(참조 롬 1:1-7).[4] 한마디로 은혜는 원인이고, 평강은 열매입니다. 은혜가 임하는 곳에 샬롬, 즉 진정한 평강이 임합니다. 많은 학자들은 이 인사말에서 바울 신학의 핵심을 발견합니다. 은혜와 평강, 바울은 이 둘의 순서를 결코 바꾼 적이 없습니다. 은혜가 먼저 있어야 평화가 가능합니다(롬 5:1-2). 믿음으로 의롭다 함을 얻는 것은 은혜입니다. 그 다음에 평화가 따라옵니다.[5]

은혜(카리스)는 "모든 것이 잘 되길 바랍니다", "건강하길 바랍니다"라는 헬라식 인사말입니다. 이 말의 동사형 '카이로'는 '기뻐하길 바란다'는 뜻입니다. 바울은 이러한 헬라식 인사말 앞에 은혜의 원인을 첨가합니다.[6] "하나님 아버지와 그리스도 예수 우리 주께로부터"(딤전 1:2), "하나님 아버지와 그리스도 예수 우리 구주로부터"(딛 1:4), 성도들을 보호하고 인도하고 구원하는 삼위 하나님으로부터 흘러나오는 은혜가 넘치길 기원하는 것입니다.

한편, 평강을 뜻하는 '샬롬'은 값을 지불하다는 의미입니다. 값을 지불해 갈등이 사라지고 만족이 찾아오며 신체적, 영적, 정신적으로 온전해진 상태가 샬롬입니다.[7] 샬롬은 단순한 문안 이상의 의미입니다. 샬롬에는 하나님과 함께함의 여부나 상대방에 대한 축복과 번영을 구하는 의미도 담겨 있습니다.

히브리인들은 일상에서 샬롬 묻기를 즐겨했습니다. 길을 가다 사람을 만났을 때, 누군가의 집을 방문했을 때, 혹은 헤어질 때도 '샬롬' 하며 인사를 나누었습니다(창 29:6, 왕하 4:26, 행 18:22, 21:7, 19). 이외에 상대방이 호의적이냐 적대적이냐의 여부를 확인할 때도 상대방에게 샬롬을 물었습니다(왕하 9:17). 이때 입을 맞추거나 손을 내밀거나 서로 껴안는 행동이 수반되었습니다(삼하 20:9).[8]

따라서 바울이 "은혜와 평강이 있을지어다"라고 인사한 것은 이 모든 것을 주시는 분이 하나님이심을 나타냅니다. 반대로 생각해 보면, 성도는 오직 하나님 안에서만 이 모든 것을 얻을 수 있다는 뜻이기도 합니다. 은혜는 자격 없는 자에게 베푸시는 하나님의 무조건적인 호의와 선물입니다. 평강은 이 선물을 받은 자에게 주어진 상태입니다. 우리는 예수 그리스도의 십자가 공로를 의지하여 은혜에 따르는 평강을 마음껏 누릴 수 있습니다. 바울은 유대인과 이방인들에게 그가 할 수 있는 최고의 인사를 한 것입니다.

Grace with you!

동화작가 정채봉의 『처음의 마음으로 돌아가라』는 책에 나오는 이야기입니다.[95]

> 세탁소에 갓 들어온 새 옷걸이한테 헌 옷걸이가 한마디했다.
> "너는 옷걸이라는 사실을 한시도 잊지 말길 바란다."
> "왜 옷걸이라는 것을 그렇게 강조하시는지요?"
> "잠깐씩 입히는 옷이 자기 신분인 양 교만해지는 옷걸이들을 그동안 많이 보았기 때문이다."

모든 것이 하나님의 은혜인데, 이것을 마치 내 실력인 양 자랑하는 우리의 어리석음을 꾸짖는 것 같습니다. 내가 옷걸이라는 사실을 기억하면 누추한 옷이 걸려도 실망하지 않고 명품 옷이 걸려도 교만하지 않을 수 있습니다. 이래도 은혜, 저래도 은혜, 모든 것이 하나님의 은혜이기 때문입니다.

일찍이 이 사실을 간파한 사도 바울은 "내가 나 된 것은 하나님의 은혜로 된 것"(고전 15:10)이라고 고백했습니다. 그는 어떤 사도보다 열심히 일했습니다. 더 많은 반대를 당하고, 더 많은 신약성경을 쓰고, 더 많은 교회를 세웠습니다. 하지만 바울은 자신의 능력이 아니라 하나님의 은혜로 이렇게 할 수 있었습니다. 바울은 자신이 그 점을 알고 사역했다고 말합니다.[96]

하나님이 이런 사람에게 베푸시는 은혜가 "은혜 위에 은혜"(요 1:16)입니다. 이것은 겹겹이 쌓이는 은혜입니다. 고갈되지 않는 은혜입니다.[97] 늘 새롭게 부어지는 은혜입니다.[98] 날마다 차고 넘치는 은혜입니다. 그런 은혜가 내가 살고 일하고 사역하는 모든 일이 내 힘이 아니라 하나님의 은혜로 이루어짐을 인정하는 사람에게 부어집니다.

문제는 은혜의 상태를 어떻게 유지하느냐입니다. 우리는 성령을 힘입어 은혜 가운데 머무를 수 있습니다. 그러나 때로는 우리의 과오로 그 상태에서 벗어날 수도 있습니다.[99] 실제로 거룩한 성도에게도 죄와 은혜가 섞여 있습니다. 빛과 어둠이 있고, 겸손과 교만이 있으며, 하늘의 것과 땅의 것이 있습니다. 어쩌면 은혜보다 부패가 더 많습니다. 불신이 너무 많아 믿음이 있는지 알 길이 거의 없고(삼상 27:1), 격한 감정이 너무 많아 온유함이 있는지도 알 수 없을 정도입니다.

다행히 부패가 섞여 있다고 은혜가 소멸되는 것은 아닙니다. 하나님은 상한 갈대를 꺾지 않고 꺼져 가는 심지를 끄지 않으십니다(마 12:20). 제자들이 예수님을 버리고 다 도망갔습니다(마 26:56). 그들은 꺼져 가는 심지와 같았습니다. 하지만 주님은 그들을 포기하지 않고 소중히 여겨 살리셨습니다. 꺼져 가는 심지 같던 그들은 믿음이 점점 강해져 나중에는 그리스도에 대한 믿음을 담대하게 전할 정도가 되었습니다(행 4:29-30). 주님의 은혜로 꺼져 가던 심지에 다시 불이 붙은 것입니다.

우리 중에도 꺼져 가는 심지에 다시 불이 붙는 은혜를 바라는 분들이 있을 겁니다. 그분들이 꼭 기억할 것이 있습니다. 하나님이 한번 허락하신 은혜는 어떤 일이 있어도 끊어지지 않는다는 사실입니다. 우리가 아무리 미약해도 은혜를 주신 분은 하나님이시기 때문입니다.

따라서 지금 내가 꺼져 가는 심지 같고 내 안에 은혜가 너무 작다고 해서 실망할 필요가 없습니다. 하나님은 내게 있는 작은 은혜도 보존하십니다. 하늘로부터 불이 내려 "도랑의 물을 핥은"(왕상 18:38) 것처럼 그 불꽃이 우리 내면의 부패를 이기게 할 것입니다.[100]

내면의 부패를 이기고 은혜 가운데서 살려면 어떻게 해야 할까요? 은혜의 신학자라 불리는 아우구스티누스는 이렇게 기도했습니다. "명하는 바를 주시고, 원하는 바를 명하소서". 하나님이 원하시는 바를 우리가 행하기 위해서는 하나님이 주시는 은혜를 먼저 받아야 합니다. 하나님의 은혜는 우리의 의지가 선을 원하고 그것을 성취할 수 있게 해줍니다.

우리는 항상 하나님의 도움 없이 죄를 지을 수 있으나, 하나님의 도움 없이는 다시 선을 행할 수 없습니다. 우리의 죄악이 지속될 때 하나님이 손을 펴서 우리를 다시 일으켜 주지 않으신다면, 우리는 결코 일어날 수 없습니다. 그런데 놀랍게도 하나님은 죄인에게 은혜를 주셔서 다시 일어날 수 있게 해주십니다. 하나님의 은혜는 무조건적 은혜를 넘어선 역조건적 은혜입니다. 이처럼 죄인에게 필요한 것은 은혜입니다. 하나님은 죄가 더한 곳에 은혜를 더욱 넘치게 하십니다(롬 5:20).

하지만 많은 사람들이 하나님의 은혜를 모릅니다. 그 은혜가 너무 커서 은혜를 은혜로 느끼지 못하는 게 보통입니다. 내 주머니에서 돈이 나가야 귀한 줄 아는데 그냥 받으니 좋은 줄도 귀한 줄도 모릅니다. 하나님은 무엇이나 거저 주십니다. 우리는 수돗물을 돈 주고 사먹지만 하나님은 일생 동안 먹고 쓰는 그 많은 물을 거저 주십니다. 생선 한 마리를 사먹으려면 생선을 잡는 수고, 멀리서 가져오는 대가 등을 지불해야 하지만, 하나님은 그 많은 물고기를 바다 속에 놓아두시고 마음대로 갖다 먹으라고 하십니다. 한 달에 몇만 원씩

전기세를 지불해야 불도 켜고 가전제품도 사용할 수 있는데, 만약 하나님이 우리에게 태양 쓰는 값을 내라고 하시면 우리는 평생 벌어도 그 비용을 감당할 수 없습니다.

이 모든 것이 은혜입니다. 그 은혜를 알고 나면 내 인생에 닥친 어떤 문제도 문제되지 않습니다. 우리는 모든 일에 감사하며 하나님의 은혜 안에 머물 수 있습니다. 반면, 하나님의 은혜를 모르는 사람은 100년을 살아도 사람답게 살지 못하는 불쌍한 자들입니다.

하나님의 은혜가 얼마나 큰지 잊지 마십시오. 늘 하나님의 은혜를 갈망하며 사십시오. 아우구스티누스의 고백[101]처럼 우리 인생은 하나님으로 채워지기 전에는 항상 공허함을 느낄 수밖에 없습니다. 인생의 공허함을 깨는 하나님의 충만한 은혜가 이 책을 읽는 모든 이들에게 함께하시길 바랍니다.

"은혜가 당신과 함께!"

소그룹을 위한 질문

1. 그레코-로마 시대 보호자와 수혜자 관계의 특징은 무엇입니까? 왜 그들의 은혜-보답 개념을 역설적이라고 할까요?

2. 성경은 은혜 받은 자의 삶이 어떠해야 한다고 가르칩니까? 그것을 두 가지로 정리하고, 그레코-로마 시대의 생각과 어떤 차이가 있는지 설명해 보십시오.

3. 세네카는 은혜-보답의 교환을 원형 춤에 비유합니다. "후원자와 그의 선물이 움직임을 시작하고, 수혜자가 그 움직임을 완료한다. 따라서 호의에 호의로 보답하는 데 실패하는 것은 사실상 춤을 끊고 우아한 행위의 아름다움을 파괴하는 것이다." 우리가 하나님의 은혜에 계속 머물기 위해 이 비유를 어떻게 적용할 수 있습니까?(참조 고후 5:15)

4. 책을 읽으면서 밑줄을 그은 문장이 있다면 적어 보고, 이를 통해 어떤 깨달음을 얻었는지 나누어 보십시오.

은혜에 관한 추천 도서

다음은 은혜에 대해 공부할 때 참고할 수 있는 책들입니다. 이 외에도 은혜와 관련된 많은 책들이 있지만, 먼저 읽어야 할 책들 중에서 몇 권을 찾아 소개합니다. 은혜를 더 깊이 연구하기 원한다면 참고하시기 바랍니다.

존 파이퍼 『장래의 은혜』

장래의 은혜, 흥미로운 제목입니다. 사실 바울의 모든 편지에서 볼 수 있는 제목입니다. 바울이 모든 편지의 시작과 끝에서 그리스도인들을 축복할 때 염두에 둔 모든 은혜는 장래의 은혜(Future Grace)입니다. 존 파이퍼는 그 사실을 발견하고 장래의 은혜 안에서 믿음으로 사는 길을 제시합니다. 장래의 은혜를 오늘 당겨 쓰는 힘, 그 힘이 무엇이고 어디서 오는지 살펴보시기 바랍니다.

필립 얀시 『놀라운 하나님의 은혜』

시간이 오래 지나도 독자들에게 꾸준히 사랑받는 책이 있습니다. 필립 얀시의 책이 그렇습니다. 그는 설교하지 않습니다. 독자들의 문제점을 나열한 뒤 독자들과 함께 풀어갑니다. 이 책도 그렇습니다. 하나님의 은혜를 누리기까지 어떤 과정을 거쳐야 하는지 꼼꼼히 설명합니다. 이 책을 읽다가 결론적인 문장 하나에 밑줄을 그었습니다. "세상은 은혜에 목말라 있다. 은혜가 임할 때 세상은 그 앞에서 침묵에 잠긴다"(p.333).

김형익 『은혜와 돈』

제목이 자극적입니다. 은혜와 돈은 정반대 가치인 듯한데, 저자는 성경의 돈 이야기가 전부 은혜 이야기라고 말합니다. 그의 주장에 따르면, 돈이 정욕이나 욕심과 만나면 위험에 빠지지만 은혜와 만나면 은혜가 돈을 거룩하게, 영광스럽게 합니다. 저자는 돈에 감춰진 은혜의 신비를 경험하여 하나님을 영화롭게 하는 자리에 서길 촉구합니다. 단순하지만 깊은 논리가 돈을 탐욕이 아니라 은혜의 눈으로 보게 합니다.

존 번연 『죄인의 괴수에게 넘치는 은혜』

이 책은 존 번연의 자서전입니다. 그가 살았던 17세기는 회심과 영적 경험에 대해 서술한 글들이 주류를 이루었습니다. 이 책을 읽으면 죄에, 그리고 말씀에 민감하게 반응하는 존 번연을 만날 수 있습니다. 말씀 한 구절도 흘려보내지 않고 자신을 바라보며 괴로워하는 그의 모습을 보면, 나는 너무 쉽게 은혜를 얘기하고 죄를 가볍게 여기고 있는 건 아닌지 돌아보게 됩니다.

존 오웬 『죄와 은혜의 지배』

읽는 내내 긴장을 늦출 수 없습니다. 모든 문장을 곱씹게 됩니다. 한 문장에 머물며 한참 동안 생각에 잠기게 됩니다. 그의 깊은 통찰력 때문입니다. 우리는 죄를 간과하는 시대를 살아갑니다. 죄에 대한 애통함이 없습니다. 죄에 이끌려 살면서도 이조차 은혜로 간주합니다. 하지만 죄의 지배를 받든, 은혜의 지배를 받든 우리의 선택지는 하나뿐입니다. 죄의 지배에서 벗어나 은혜의 지배 아래로 나아가기 원하는 신자들이 꼭 한번 읽어야 할 책입니다.

미주

1. Stephen E. Fowl, *Ephesians: A Commentary*, ed. C. Clifton Black, M. Eugene Boring, John T. Carroll, First Edition., *The New Testament Library* (Louisville, KY: Westminster John Knox Press, 2012), 158.
2. 최재덕(2017), "'은혜 받으시기 바랍니다!' 올바른 표현인가?",「성서마당」(124), 24-35.
3. David K. Lowery, "2 Corinthians", in *The Bible Knowledge Commentary: An Exposition of the Scriptures*, ed. J. F. Walvoord, R. B. Zuck, vol 2 (Wheaton, IL: Victor Books, 1985), 568.
4. Paul Barnett, *The Second Epistle to the Corinthians*, The New International Commentary on the New Testament (Grand Rapids, MI: Wm. B. Eerdmans Publishing Co., 1997), 319.
5. 이성호, 『다짜고짜 질문으로 시작하는 성도생활백과: 교리편』, 좋은씨앗, 2018, 97.
6. 안드레아스 J. 쾨스텐버거 외, 『신약개론: 요람·십자가·왕관』, 김경식 외 역, 기독교문서선교회, 2013, 466.
7. 존 오웬, 『죄 용서: 시편 130편 강해』, 박홍규 역, 존 오웬 전집 5, 부흥과개혁사, 2015, 464.
8. 다니엘 L. 밀리오리, 『기독교 조직신학 개론』, 신옥수 역, 새물결플러스, 2016, 752.
9. 가스펠서브, 『성경 문화배경 사전』, 생명의말씀사, 2018, 673.
10. Geerhardus Vos, *Reformed Dogmatics*, ed. Richard B. Gaffin Jr., trans. Richard B. Gaffin Jr., vol 1 (Bellingham, WA: Lexham Press, 2012-2016), 28.
11. 박재은, "쉽게 읽는 신학 이야기: 예배의 당위적 소중함", 매거진「re」, 그라티아, 2018, 32.
12. 남태일(2019), "남 목사의 '힐링' 페이지: 은혜는 있어도 공짜는 없다",「새가정」, 66, 36-39.
13. 디트리히 본회퍼, 『나를 따르라』, 대한기독교서회, 1965, 36.
14. 디트리히 본회퍼, 24-26.
15. 채수일, "디트리히 본회퍼, 그 깊이와 넓이 3: 값싼 은혜와 값비싼 은혜",「기독교사상」, 48(3), 2004, 240-246.
16. 존 K. 리치스, 『갈라디아서』, 이상규 역, 기독교문서선교회, 2011, 163.
17. 유진 H. 메릴 외, 『현대인을 위한 구약개론』, 유창걸 역, 기독교문서선교회, 2016, 9.
18. 앤디 스탠리, 『하나님의 은혜』, 정성묵 역, 두란노, 2011, 19.
19. 크레이그 바르톨로뮤, 『하나님께 소리치고 싶을 때: 욥기』, 송동민 역, 이레서원, 2017, 117-118.
20. 크레이그 바르톨로뮤, 118-121.
21. 에드워드 J. 우즈, 『신명기』, 김정훈 역, vol 5, 틴데일 구약주석 시리즈, 기독교문서

선교회, 2016, 390.
22. 노승수, 『핵심감정 치유: 핵심감정 치유를 위한 워크북』, 세움북스, 2018, 134.
23. 필립 얀시 외, 『내가 그리스도인이 되었을 때 아무도 말해 주지 않았던 것들』, 그루터기하우스, 2002, 144-147.
24. 노승수, 135-136.
25. 앤디 스탠리, 20.
26. 유해무, 『개혁교의학』, CH북스, 2003, 207.
27. 앤디 스탠리, 21.
28. K. A. Mathews, *Genesis 1-11:26*, vol 1A, The New American Commentary (Nashville: Broadman & Holman Publishers, 1996), 175.
29. 빅터 쿨리진, 『구원의 언어』, 손현선 역, 좋은씨앗, 2020, 67-69.
30. Victor P. Hamilton, *The Book of Genesis*, Chapters 1-17, The New International Commentary on the Old Testament (Grand Rapids, MI: Wm. B. Eerdmans Publishing Co., 1990), 176.
31. 칼뱅은 그 이유를 이렇게 설명한다. "남자와 여자가 서로 다른 원천에서 나왔다면 그 둘은 서로 모욕하거나 시기하거나 투쟁했을 것이다… 아담의 몸 일부를 취한 이유는 자신의 한 부분을 보다 큰 자비하심으로 끌어안을 수 있게 하기 위함이다. 그는 갈빗대 하나를 잃었지만 훨씬 더 큰 보상을 받는다. 신실한 인생의 동반자를 얻었다. 전에는 불완전했지만 이제는 아내 안에서 완전하게 된 자신을 보게 되었다."
32. 허성군, "구약: 노아의 삶-창세기 6장 6-12절", 「성서마당」(93), 2010, 47-56.
33. K. A. Mathews, 347.
34. 최병규, 『교리를 알면 신앙이 자란다』, 생명의 양식, 2020, 83.
35. 김희권, "중보자 모세-출애굽기 32-34장", 「기독교사상」 48(6), 2004, 146-156.
36. 트렘퍼 롱맨3세, 『틴데일 구약주석 시편 1, 2』, 기독교문서선교회, 2017, 503.
37. 이국진, "사울의 뒤틀린 영성", 매거진 「re」, 그라티아, 2020, 15-16.
38. 이정규, 『회개를 사랑할 수 있을까?』, 좋은씨앗, 2016, 40.
39. 실제로 이 예언은 사무엘하 16장에서 이루어진다. "아히도벨이 압살롬에게 이르되 왕의 아버지가 남겨 두어 왕궁을 지키게 한 후궁들과 더불어 동침하소서. 그리하면 왕께서 왕의 아버지가 미워하는 바 됨을 온 이스라엘이 들으리니 왕과 함께 있는 모든 사람의 힘이 더욱 강하여지리이다 하니라. 이에 사람들이 압살롬을 위하여 옥상에 장막을 치니 압살롬이 온 이스라엘 무리의 눈앞에서 그 아버지의 후궁들과 더불어 동침하니라"(삼하 16:21-22).
40. 마빈 A. 스위니, 『예언서』, 홍국평 역, 구약학 입문 시리즈 5, 대한기독교서회, 2015, 123.
41. 김래윤, "예레미야서의 메시지와 아바드", 「신학논단」 89, 2017, 77-106.
42. '신정론'이란 뜻의 theodicy는 하나님을 뜻하는 theos와 의로움을 뜻하는 헬라어 dike의 합성어로, 하나님의 의로움과 정당함을 주장하는 이론이다.
43. 박재은, "쉽게 읽는 신학 이야기 43: 선하신 하나님이 어떻게 악과 함께 할 수 있나요?", 매거진 「re」, 그라티아, 2021, 18-19.
44. 헤르만 바빙크, 『개혁교의학 3』, 박태현 역, 부흥과개혁사, 2011, 72-73.
45. 박재은, 22-23.

46. 이필찬, 『에덴 회복의 관점에서 읽는 요한계시록』, 에스카톤, 2021, 653-654.
47. 그레고리 K. 비일, 『요한계시록』, 오광만 역, 새물결플러스, 2016, 654.
48. 안드레아스 J. 쾨스텐버거 외, 1034.
49. 이필찬, 655.
50. Robert H. Mounce, *The Book of Revelation*, The New International Commentary on the New Testament (Grand Rapids, MI: Wm. B. Eerdmans Publishing Co., 1997), 149.
51. Paige Patterson, *Revelation*, ed. E. Ray Clendenen, vol 39, The New American Commentary (Nashville, TN: B&H, 2012), 185-186.
52. Robert H. Mounce, 149.
53. 데머레스트브루스, "하나님의 분노", 『Everyday 신학 사전』, 죠이선교회, 2013, 740.
54. 존 칼빈, 『기독교 강요(상)』, 원광연 역, CH북스, 2008, 621-622.
55. 우병훈, "아우구스티누스가 가르친 기도 Ⅷ", 매거진 「re」, 그라티아, 2020, 11-12.
56. 데이비드 A. 드실바, 『문화의 키워드로 신약성경 읽기』, 김세현 역, 새물결플러스, 2019, 146.
57. 이민규, "고대 지중해 문화의 보호자와 수혜자 관습으로 본 바울 서신의 칭의 사상과 행위 심판과의 관계", 「신약논단」 15(3), 2008, 677-706.
58. 데이비드 A. 드실바, 136.
59. 왕인성, "신약성경에 반영된 그레코-로마 사회의 후원자-피보호자 관계", 「신약논단」 13(3), 2006, 535-564.
60. 존 J. 필치, 브루스 말리나, 『성서 언어의 사회적 의미』, 이달 역, 한국장로교출판사, 1998, 154.
61. 데이비드 A. 드실바, 173-174.
62. 이민규, 682.
63. 말리나, 155.
64. 임진수, "그레코-로만 세계와 초기 기독교의 자선가 사상", 「캐논앤컬처」 8(2), 2014, 269-304.
65. 국어사전에 따르면 '하나님의 외아들이라는 뜻으로 예수를 이르는 말'이다.
66. Joel B. Green, *The Gospel of Luke*, The New International Commentary on the New Testament (Grand Rapids, MI: Wm. B. Eerdmans Publishing Co., 1997), 669-670. 삭개오의 키가 작아 예수님을 볼 수 없었다고 보는 주장에는 두 가지 문제가 있다. 첫째, 헬라어 본문은 그가 키가 작은 게 아니라 상대적으로 젊다는 뜻으로 사용되었다. 그는 키가 작아 예수님을 보지 못한 게 아니다. 왕족 신분인은 지나가는 사람을 보기 위해 키가 클 필요가 없다. 둘째, '무리 때문에'라는 문구와 인과 관계가 있다. 삭개오는 단순히 사람이 많아 예수님을 보지 못한 게 아니라 그에 대한 사람들의 부정적인 시선 때문에 예수님을 보지 못한 것이다.
67. https://www.joongang.co.kr/article/1157492#home
68. https://www.donga.com/news/article/all/20021226/7895932/1
69. 앤터니 티슬턴, 『조직신학: 진리 성경 역사 해석』, 박규태 역. 서울: IVP, 2018, 55-56.
70. 앤디 스탠리, 171-172.
71. 웨스트민스터 총회, 『웨스트민스터 대교리문답 노트』, 그책의사람들, 2017, 218.

72. 웨스트민스터 총회, 218.
73. 헤르만 바빙크, 『개혁교의학 4』, 박태현 역, 부흥과개혁사, 2011, 531.
74. 유해무, 505.
75. John Calvin, *Commentaries on the Epistles of Paul the Apostle to the Corinthians*, vol 2 (Bellingham, WA: Logos Bible Software, 2010), 173.
76. 유해무, 510.
77. 김길성, "은혜의 수단", 「신학지남」 71(1), 2004, 152-177.
78. 다니엘 L. 밀리오리, 739-740.
79. John D. Barry, *Faithlife Study Bible* (Bellingham, WA: Lexham Press, 2016).
80. 웨스트민스터 총회, 318.
81. 박윤선, 『웨스트민스터 신앙고백서 해설』, 영음사, 2012, 172.
82. Cornelis van der Kooi, Gijsbert van den Brink, *Christian Dogmatics: An Introduction*, trans. Reinder Bruinsma, James D. Bratt (Grand Rapids, MI: William B. Eerdmans Publishing Company, 2017), 604.
83. 웨스트민스터 총회, 234.
84. 가스펠서브, 『라이프 성경사전』, 2006, 118.
85. 존 칼빈, 『기독교 강요(중)』, 420.
86. 웨스트민스터 총회, 248.
87. 존 칼빈, 『기독교 강요(중)』, 418.
88. 데이비드 A. 드실바, 151-156.
89. 데이비드 A. 드실바, 200.
90. 데이비드 A. 드실바, 158.
91. Robert H. Mounce, *Romans*, vol 27, The New American Commentary (Nashville: Broadman & Holman Publishers, 1995), 232.
92. F. F. Bruce, *Romans: an introduction and commentary*, vol 6, Tyndale New Testament Commentaries (Downers Grove, IL: InterVarsity Press, 1985), 224.
93. 왕인성, 557-558.
94. John Calvin, *Commentary on the Book of Psalms*, vol 4 (Bellingham, WA: Logos Bible Software, 2010), 369.
95. 정채봉, 『처음 마음으로 돌아가라』, 샘터사, 2009, 104.
96. David K. Lowery, "1 Corinthians", in *The Bible Knowledge Commentary: An Exposition of the Scriptures*, ed. J. F. Walvoord, R. B. Zuck, vol 2 (Wheaton, IL: Victor Books, 1985), 543.
97. 크레이그 S. 키너, 『키너 요한복음 1』, 이옥용 역, 기독교문서선교회, 2018, 1290.
98. Ronald Trail, *An Exegetical Summary of John 1-9*, Exegetical Summaries (Dallas, TX: SIL International, 2013), 39.
99. Charles Van Engen, "알미니안 신학", A. 스캇 모로우, 김만태 역, 『선교학 사전』, 기독교문서선교회, 2014, 1067.
100. 토마스 왓슨, 228-230.
101. "당신께서는 당신을 위해 우리를 지으셨기에 우리 마음은 당신 안에서 안식할 때까지 쉴 수 없습니다.", 낸시 거스리, 『공허함을 채우시는 하나님』, 이지혜 역, 생명의말씀사, 2023, 49-50.

∴ 구약에서 '은혜'를 뜻하는 단어 - 헨, 헤세드, 라하밈

1. 존 M. G. 바클레이, 『바울과 선』물, 송일 역, 새물결플러스, 2019, 371.
2. K. A. Mathews, *Genesis 1-11:26*, vol 1A, The New American Commentary (Nashville: Broadman & Holman Publishers, 1996), 346.
3. 데머레스트브루스, "특별 은총", 『Everyday 신학 사전』, 죠이선교회, 2013, 705.
4. 이정규, 『회개를 사랑할 수 있을까?』, 좋은씨앗, 2016, 61.
5. 제임스 캐롤린 커스티스, 『소외된 이들의 하나님: 룻기』, 송혜숙 외 역, 이레서원, 2018, 77.
6. 머레이 D. 고우, 『룻기』, 조승희 역, 기독교문서선교회, 2011, 152.
7. Hans-Jürgen Zobel, "חסד", trans. David E. Green, *Theological Dictionary of the Old Testament* (Grand Rapids, MI; Cambridge, U.K.: William B. Eerdmans Publishing Company, 1986), 48–49.
8. 가스펠서브, 『라이프 성경사전』, 생명의말씀사, 2006, 116.
9. 마틴 J. 셀만, 임요한 역, 『역대상: 틴데일 구약주석 시리즈 10』, 기독교문서선교회, 2017, 294.

∴ 신약에서 '은혜'를 뜻하는 단어 - 카리스

1. 변종길, 『로마서: 고신총회 설립 60주년 기념 성경주석』, 총회출판국, 2014, 37-38.
2. 팀 켈러, 『팀 켈러의 센터처치』, 두란노, 2016, 80.
3. Gary S. Shogren, "Grace: New Testament", ed. David Noel Freedman, *The Anchor Yale Bible Dictionary* (New York: Doubleday, 1992), 1088.

∴ "은혜와 평강이 있을지어다"

1. 안드레아스 J. 쾨스텐버거 외, 『신약개론: 요람·십자가·왕관』, 김경식 외 역, 기독교문서선교회, 2013, 585.
2. 토마스 R. 슈라이너, 『간추린 신약신학』, 김현광 역, 기독교문서선교회, 2016, 273. 참고, 이남규, "쉬운 교리, 재미있는 교리 16: 삼위일체에 대하여", 매거진 「re」, 그라티아, 2014, 30.
3. 토마스 R. 슈라이너, 39.
4. 스탠리 E. 포터, 『바울 서신 연구: 사도 바울의 생애와 사상』, 임재승 외 역, 새물결플러스, 2019, 255-256.
5. 박영호, 『빌립보서』, 그리스도인을 위한 통독 주석 시리즈, 홍성사, 2017, 35.
6. 스탠리 E. 포터, 189-190.
7. 리처드 N. 롱네커, 『로마서』, 오광만 역, vol 1 & 2, New International Greek Testament Commentary, 새물결플러스, 2020, 933-934.
8. 가스펠서브, 『성경 문화배경 사전』, 229.